Zelfcontrole

Zelfcontrole

Een sociaal-cognitief interventieprogramma voor kinderen met agressief en oppositioneel gedrag

Teun van Manen

Bohn Stafleu van Loghum
Springer Media

Houten 2010

© 2010 Bohn Stafleu van Loghum, onderdeel van Springer Media

Alle rechten voorbehouden. Niets uit deze uitgave mag worden verveelvoudigd, opgeslagen in een geautomatiseerd gegevensbestand, of openbaar gemaakt, in enige vorm of op enige wijze, hetzij elektronisch, mechanisch, door fotokopieën, opnamen, of enig andere manier, zonder voorafgaande schriftelijke toestemming van de uitgever.

Voor zover het maken van kopieën uit deze uitgave is toegestaan op grond van artikel 16b Auteurswet j° het Besluit van 20 juni 1974, Stb. 351, zoals gewijzigd bij Besluit van 23 augustus 1985, Stb. 471 en artikel 17 Auteurswet, dient men de daarvoor wettelijk verschuldigde vergoedingen te voldoen aan de Stichting Reprorecht (Postbus 3051, 2130 KB Hoofddorp). Voor het overnemen van (een) gedeelte(n) uit deze uitgave in bloemlezingen, readers en andere compilatiewerken (artikel 16 Auteurswet) dient men zich tot de uitgever te wenden.

Samensteller(s) en uitgever zijn zich volledig bewust van hun taak een zo betrouwbaar mogelijke uitgave te verzorgen. Niettemin kunnen zij geen aansprakelijkheid aanvaarden voor onjuistheden die eventueel in deze uitgave voorkomen.

ISBN 978 90 313 7831 9
NUR 848

Eerste druk, eerste oplage 2001
Tweede druk, eerste oplage 2010

Ontwerp omslag: P3 Jos Peters, Huizen
Ontwerp binnenwerk: Houdbaar, Deventer
Illustraties: Marcel Jurriëns, Boxtel

Oorspronkelijke titel hoofdstuk 5: Reducing aggressive behavior in boys with a social cognitive group treatment: Results of a randomized controlled trial (2004). © 2004, Teun van Manen.
Vertaling: Peter van der Kaaij.

Bohn Stafleu van Loghum
Het Spoor 2
Postbus 246
3990 GA Houten

www.bsl.nl

Inhoud

Deel 1 Theoretisch referentiekader en praktische uitleg

1	**Inleiding**	10
1.1	Omschrijving van het probleemgebied	11
1.1.1	Jongens en meisjes	12
1.1.2	Reactieve en proactieve agressie	12
1.1.3	Prevalentie	15
1.1.4	Maatschappelijk belang	15
1.1.5	Theorieën over agressief en oppositioneel gedrag	16
1.2	Theoretisch uitgangspunt van het interventieprogramma Zelfcontrole	18
1.2.1	Sociale-informatieverwerkingstheorie	18
1.2.2	Zelfcontrole	21
1.2.3	Sociale cognitie	26
1.2.4	Probleem oplossen	32
1.3	Voorwaarden voor behandeling	33
1.3.1	Effectieve behandelingen	34
1.3.2	Meerwaarde van het interventieprogramma Zelfcontrole	36
1.3.3	'Chronische-ziekte'-model	36
2	**Methode**	38
2.1	Sociaal-cognitief interventieprogramma	38
2.2	De therapeut	42
2.3	Ouders en school	43
2.4	Probleembesef	44
2.5	Indicatie- en contra-indicatiecriteria voor deelname van kinderen	45
3	**Preventieve interventie**	48
3.1	Inleiding	48
3.2	Beschermende factoren	48
3.2.1	Het kind	49
3.2.2	Het gezin	49
3.2.3	De school	49
3.2.4	De samenleving	50
4	**Diagnostiek en indicatiestelling**	52
4.1	Volgorde van handelingen voor aanvang van de behandeling	52
4.2	Selectie	54
4.2.1	Gestructureerd interview op basis van de DSM-IV	54
4.3	Instrumenten voor diagnostiek en evaluatie	58
4.3.1	Gedragbeoordelingslijsten voor ouders en leerkracht	58

4.3.2	Taxonomie voor sociale probleemsituaties	58
4.3.3	Leerkrachtbeoordelingsvragenlijst voor reactieve en proactieve agressie	59
4.3.4	Self Control Rating Scale	59
4.3.5	Zelfmeetinstrumenten voor de kinderen	60
4.3.6	Weekverslagen voor de ouders, de leerkracht en het kind	61
4.3.7	Gedragsobservaties door onafhankelijke beoordelaars	62

5	**Resultaten van effectonderzoek**	**64**
5.1	Inleiding	64
5.2	Methode	66
5.2.1	Deelnemers	66
5.2.2	Meetinstrumenten	67
5.2.3	Werkwijze	69
5.2.4	Behandelvormen	70
5.2.5	Wachtlijstcontrolegroep	73
5.2.6	Behandelintegriteit	73
5.3	Resultaten	73
5.3.1	Verschillen vóór behandeling	75
5.3.2	Behandelefecten	75
5.3.3	Klinische betekenis	78
5.3.4	Effectgrootte	78
5.4	Discussie	79
5.4.1	Beperkingen	80
5.4.2	Klinische implicaties	80

Literatuur	82

Deel 2 Handleiding en bijlagen 94

6	Handleiding	94
6.1	Aandachtspunten	94
6.2	Het groepsproces	95
6.3	Structuur en opbouw van de behandeling	96
6.4	Casus	99
Zitting 1	Doel van de groep	99
Zitting 2	Communicatieregels leren	104
Zitting 3	Sociale tekens decoderen	108
Zitting 4	Gevoelens leren onderscheiden en benoemen bij jezelf en bij de ander	111
Zitting 5	Zich verplaatsen in een ander en probleemoplossingsvaardigheden	115
Zitting 6	Zelfcontrole en zelfinstructie I	119
Zitting 7	Zelfcontrole en zelfinstructie II en III	124
Zitting 8	Probleemoplossingsvaardigheden	129
Zitting 9	Zelfcontrole en zelfinstructie IV met *cue-exposure*	133
Zitting 10	Voor jezelf opkomen mét zelfcontrole	137
Zitting 11	Quiz, feedback en diploma	141
Na afloop		145
Bijlage 1	Voorbeelden van een weekverslag	146
Bijlage 2	Voorbeeld van een kwartetkaart	147
Bijlage 3	Geluidenkaartjes	147
Bijlage 4	Een tekening maken aan de hand van een verhaaltje	148
Bijlage 5	Doorgeeftekeningen	149
Bijlage 6	Gevoelens uitbeelden	150
Bijlage 7	Toneelstukjes in tweetallen	151
Bijlage 8	Puzzelstukjes (om uit te knippen)	151
Bijlage 9	Dvd 'relateren'	152
Bijlage 10	Voorbeeld van het diploma na afloop van de groep	152
Bijlage 11	Reserveoefeningen	153
Bijlage 12	Voorbeelden ter illustratie	153

Woord vooraf bij de herziene editie

Kort na de actualisatie van 'Zelfcontrole' in 2009, is de auteur Teun van Manen na een kort ziekbed overleden. Teun heeft helaas deze nieuwe uitgave niet meer kunnen zien. Hij was enthousiast over de grote belangstelling die er voor het thema Zelfcontrole bestaat en wilde het boek daarom graag aanvullen met de onderzoeksgegevens van zijn promotieonderzoek uit 2006 waarin de effectiviteit van de methode nogmaals bevestigd wordt. Deze aanvullende onderzoeksresultaten kunt u vinden in hoofdstuk 5 van dit boek.

Wij herinneren ons Teun als een fijne, warme persoonlijkheid en een kundig psychotherapeut, die met veel gedrevenheid dit interventieprogramma 'Zelfcontrole' en de 'Sociaal Cognitieve Vaardigheden Test' (SCVT) ontwikkelde en wetenschappelijk onderzocht.

Zijn doel was het helpen van kinderen met oppositioneel en agressief gedrag. Om met de woorden van prof.dr. Else de Haan te spreken: "hij was wetenschapper, clinicus en een therapeut die van zijn lastige, boze agressieve cliënten hield en in ze geloofde." Met de ontwikkeling van deze methoden, die ook internationaal bekendheid genieten, heeft hij hieraan een belangrijke bijdrage geleverd.

Wij danken prof. dr. Pier Prins en dr. Saskia van der Oord van de Universiteit van Amsterdam voor hun medewerking aan de totstandkoming van deze herziene editie.

De uitgever, voorjaar 2010

Het sociaal-cognitieve interventieprogramma *Zelfcontrole* dat in dit boek is opgenomen, is het resultaat van vele jaren onderzoek naar de best passende behandelmethode voor kinderen met agressief en oppositioneel gedrag. Onderzoek in de zin van wetenschappelijk onderzoek naar een effectieve behandeling, maar vooral in de zin van 'wat is de beste klinische behandeling?'.

In 1976 ben ik begonnen met het werken in een intramurale setting met kinderen met agressief en oppositioneel gedrag die toentertijd de diagnose kregen van ontwikkelingspsychopathie. De eerste groepsbehandeling was een sociale-vaardigheidstraining voor zes meisjes met antisociaal gedrag en vond plaats in 1982. Tien jaar later – in 1992 – kwam het contact met de Universiteit van Amsterdam (Pier Prins) tot stand en werd een begin gemaakt met het toetsen van de effectiviteit van de sociaal-cognitieve groepsbehandeling voor kinderen met agressief en oppositioneel gedrag. De definitieve vorm van het sociaal-cognitieve interventieprogramma kreeg zijn gestalte na theoretische verdieping, gebleken effectiviteit (*evidence-based*) en het vinden van een uitgebalanceerde uitvoering van het interventieprogramma. *Zelfcontrole* is een voorbeeld van integratie van wetenschappelijk onderzoek en klinische praktijk. Het is bedoeld voor de clinicus met belangstelling voor wetenschappelijk getoetste en theoretisch onderbouwde behandelprogramma's voor specifieke stoornissen bij kinderen.

De laatste jaren besteden de media en vooral de dagbladen veel aandacht aan agressie in de samenleving. Wat zijn de oorzaken, de gevolgen en de oplossingen ervoor? Historische, biologische, sociologische, economische en politieke oplossingen worden aangedragen. Mijns inziens kan men de discussie terugbrengen tot het creëren van een evenwicht tussen persoonlijke behoeften en sociale eisen. Het sturen, begeleiden en coachen van kinderen in het zich eigen maken van zelfcontrole over wat zij voelen, denken en doen kan een belangrijke bijdrage zijn van elke volwassene aan het welzijn van de samenleving. Als kinderen meer de beschikking hebben over zelfcontroletechnieken, is er minder externe controle nodig en hopelijk is er daardoor minder agressief en oppositioneel gedrag bij kinderen.

Zonder de volledige inzet en het onvoorwaardelijk vertrouwen in een goed resultaat van vele mensen was het niet mogelijk geweest om het huidige sociaal-cognitieve interventieprogramma te presenteren. Met name wil ik noemen en hartelijk bedanken: Mieke Janssen, Pier Prins, Paul Emmelkamp, Peter de Rouwe, Abba Halatu, Rinske van Dieren, Saskia van der Oord, Henriëtte Riethof, Mirjam Hinfelaar, Margreet Wittenberg, Ton Bleeker en Joke Koevoets.

Het gecontroleerd effectonderzoek van het sociaal-cognitieve interventieprogramma is mogelijk gemaakt door een subsidie van Stichting Kinderpostzegels Nederland en Stichting Jeugdbeschermings- en Jongeren Adviesfonds.

Ouders en kinderen die aan het onderzoek hebben meegewerkt wil ik bedanken voor het in mij gestelde vertrouwen en voor hun inzet. Naast de therapeuten verdienen de leerkrachten een flinke pluim voor hun bereidheid om onder alle omstandigheden mee te werken aan het helpen van kinderen met agressief en oppositioneel gedrag.

Teun van Manen
Hilversum, najaar 2000

Deel 1 Theoretisch referentiekader en praktische uitleg

1 Inleiding

Er loopt een jongen op het zebrapad. Een auto toetert. De jongen steekt onmiddellijk zonder op of om te kijken zijn middelvinger omhoog en loopt door. Dit is een voorbeeld van agressief gedrag en geeft in een oogwenk de tekorten en vervormingen in de sociale-informatieverwerking weer bij deze jongen. Hij kent vijandige bedoelingen aan de autobestuurder toe en vertaalt tekens uit de omgeving op onjuiste wijze, want als de jongen eerst had gekeken waar het getoeter vandaan kwam, dan had hij gezien dat de man die toeterde net naar zijn buurman zwaaide. Het getoeter was dus niet voor hem bedoeld.

Agressief en oppositioneel gedrag vormt de grootste groep stoornissen binnen de geestelijke gezondheidszorg en valt onder de moeilijkst te behandelen categorieën (Kazdin, 1997). Het is dan ook niet verwonderlijk dat agressief en oppositioneel gedrag hoge kosten met zich meebrengt. Enerzijds wat betreft de hulp en straf voor de 'daders' en anderzijds de hulp aan de slachtoffers van agressief en oppositioneel gedrag. De kosten lopen elk jaar in de miljoenen.

Antisociaal gedrag in de kindertijd voorspelt antisociaal gedrag in de adolescentie. Antisociaal gedrag in de kindertijd én in de adolescentie voorspelt antisociaal gedrag op volwassen leeftijd (Offord & Bennett, 1994). Bovenstaande factoren geven aan dat het van groot belang is om behandelmethoden voor agressieve en 'oppositioneel-opstandige' kinderen te ontwikkelen en te toetsen op hun effectiviteit, om ze vervolgens op gefundeerde wijze te kunnen toepassen in de behandeling van deze kinderen en adolescenten. Het sociaal-cognitieve interventieprogramma *Zelfcontrole* is getoetst en effectief gebleken bij kinderen met agressief en oppositioneel gedrag en vormt een belangrijke aanvulling op de bestaande behandelmethoden voor gedragsgestoorde kinderen. Het aanleren van zelfcontroletechnieken bij agressieve kinderen heeft niet alleen als doel dat deze kinderen minder agressief gedrag gaan vertonen, maar zorgt er tevens voor dat zij zich een algemene manier van probleemoplossen eigen maken. Het generalisatie-effect van de aangeleerde zelfcontroletechnieken en probleemoplossingsvaardigheden naar andere probleemsituaties wordt hiermee vergroot. Het interventieprogramma is in zijn geheel uitgeschreven en wel zodanig, dat iedere therapeut er direct mee aan de slag kan. Therapeuten met kennis van en ervaring met cognitieve gedragstherapie zullen in het voordeel zijn, omdat het interventieprogramma deze methode als uitgangspunt van behandeling heeft. Aan de beschrijving van het interventieprogramma gaan de theoretische ondersteuning en de praktische uitleg van de kernbegrippen sociale-informatieverwerking, zelfcontrole en sociale cognitie vooraf. Tevens wordt aandacht geschonken aan verschillende vormen van agressie, de problematiek van agressieve kinderen geplaatst in een maatschappelijk kader, een verduidelijking van de behandelingsmethode, de rol van de therapeut, de ouders en de leerkracht, en de resultaten van het gecontroleerde effectonderzoek van het interventieprogramma.

1.1 Omschrijving van het probleemgebied

> Sofie – 11 jaar – liegt, bedriegt en zet iedereen tegen elkaar op. Ze stoot daarmee andere mensen af en wordt uiteindelijk door andere kinderen gepest. Met haar gedrag gaat ze zo ver dat iedereen die haar kent haar afwijst. Het lijkt erop of ze daar naartoe werkt en bij wijze van spreken zegt: 'Schop mij maar de deur uit.' Na een psychologisch onderzoek een aantal jaren geleden, is ze verlost van het predicaat ADHD (aandachtstekortstoornis met hyperactiviteit, *attention deficit hyperactivity disorder*). Dit was enerzijds een bevrijding, maar anderzijds was er geen kapstok meer om alles wat verkeerd ging aan op te hangen.
> Sofie heeft in de loop der jaren veel meegemaakt. Haar vader verdween rond haar vierde jaar. Moeder heeft daarna vele vrienden gehad. De meesten waren aan de alcohol verslaafd en mishandelden moeder. Er was en is een chronisch geldtekort. Haar twee halfbroertjes trekken zich nergens wat van aan en gaan gewoon hun gang. Tussen Sofie en moeder is een speciale band gegroeid. Sofie vraagt om aandacht en krijgt die ook. Moeder heeft sterke schuldgevoelens. Om de kleinste dingen ontstaat ruzie. Is er geen Sisi zonder prik in huis maar wel Sisi met prik, dan kan Sofie woedend worden en moeder weet het niet adequaat op te lossen. Sofie geeft anderen de schuld van haar eigen falen en voelt zich snel aangevallen door anderen. Op een gewone manier reageren op anderen is vaak al moeilijk. Soms verlangt ze ernaar om uit huis te zijn om daardoor de kans te hebben om helemaal opnieuw te kunnen beginnen met het aangaan en opbouwen van relaties.

Het interventieprogramma is bedoeld voor agressieve en oppositioneel opstandige kinderen in de leeftijd van 9 tot 13 jaar die volgens de DSM-IV (Diagnostic and Statistical Manual of mental disorders, fourth edition; APA, 1994) de diagnoses gedragsstoornis en/of oppositioneel-opstandige gedragsstoornis krijgen.

In de internationale literatuur worden de kinderen van de doelgroep omschreven als kinderen met agressief en oppositioneel gedrag, kinderen met antisociaal gedrag en gedragsgestoorde kinderen. Er heerst consensus over de terminologie. Men praat over dezelfde kinderen. Hieronder volgt een nadere omschrijving van agressief en oppositioneel gedrag.

Een oppositioneel-opstandige gedragsstoornis wordt omschreven als een patroon met negativistisch, vijandig en openlijk ongehoorzaam gedrag met een duur van ten minste zes maanden, waarin vier of meer van de volgende kenmerken aanwezig zijn: vaak driftig zijn, vaak ruzie maken met volwassenen, vaak opstandig, met opzet anderen ergeren, anderen de schuld van eigen fouten geven, vaak prikkelbaar zijn en zich gemakkelijk aan anderen ergeren, vaak boos zijn, vaak hatelijk en wraakzuchtig.

Of het kind moet de laatste twaalf maanden drie of meer van de volgende kenmerken hebben vertoond: pesten, bedreigen, anderen intimideren, vechten, anderen lichamelijk letsel toebrengen, dieren mishandelen, tot seksueel contact dwingen, brand stichten, vernielen, liegen, inbreken, stelen, van huis weglopen en spijbelen. Gedragsstoornissen veroorzaken significante beperkingen in het sociale, schoolse en/of beroepsmatig functioneren van kinderen (APA, 1994).

1.1.1 Jongens en meisjes

Agressie wordt op verschillende manieren geuit. Naast de in het openbaar bekende directe agressie is het van belang te letten op de indirecte vorm van agressie, die ook verstrekkende gevolgen kan hebben.

Jongens gebruiken eerder directe vormen van agressie, meisjes indirecte vormen. Jongens tonen openlijk hun agressiviteit door middel van woorden, het maken van obscene, beledigende gebaren, gekke bekken trekken, slaan, schoppen of vechten. Indirecte agressie gebeurt in de vorm van sociale isolering en opzettelijk uitsluiten van de groep. Door meisjes worden subtielere vormen van indirecte agressie toegepast. Jongens gebruiken meer fysieke middelen, woorden en gebaren. Meisjes zie je kwaadspreken, spulletjes lenen en niet teruggeven, geruchten verspreiden en vriendschapsrelaties manipuleren, zoals een ander meisje haar beste vriendin afpakken (Olweus, 1994). In de opvoeding is het verbod op agressie bij meisjes sterker dan bij jongens. De openlijke manier van agressie door jongens is mogelijk een verklaring voor de grotere aandacht in de onderzoeksliteratuur voor jongens dan voor meisjes, ondanks de toename van crimineel gedrag onder meisjes in het laatste decennium (Koops & Slot, 1998). Volgens andere onderzoekers (Kendall & Braswell, 1993) ontwikkelen jongens zich langzamer en hebben zij minder zelfcontrolevaardigheden tot hun beschikking dan meisjes. Dit verklaart misschien het hogere percentage gedragsproblemen bij jongens.

In het interventieprogramma *Zelfcontrole* wordt onderscheid gemaakt tussen reactief agressieve kinderen en proactief agressieve kinderen.

1.1.2 Reactieve en proactieve agressie

Daan is een voorbeeld van een reactief agressieve jongen.

> Daan wordt na schooltijd gepest, vooral door twee jongens van een andere klas. Zij beginnen altijd met schelden en gaan net zo lang door tot Daan er in het wilde weg op los begint te slaan. Daan is hier boos over en ook erg verdrietig. Hij vindt het niet eerlijk. Soms doet hij onverwachte dingen; bijvoorbeeld, iedereen wil de klas uit en Daan houdt de deur vast, zodat de anderen er niet uit kunnen. Hij maakt grapjes die de anderen niet begrijpen. Daan vindt andere kinderen stom en vervelend. Als er iets nieuws gaat gebeuren, wil hij weten wat hem te wachten staat. Hij wil niet op een club, want daar zit altijd wel een vervelende jongen of meisje op. Wanneer hij in de bibliotheek achter de computer zit en er komt een ander kind aan dat wat zegt, reageert hij vijandig en ontstaat er prompt ruzie. Daan is eigenlijk bang dat hij zal falen of er niet bij zal horen.

Wanneer je agressieve kinderen wat langer observeert, zie je dat er verschillen in agressief gedrag voorkomen. Er is door verschillende auteurs (Dodge e.a., 1997; Vitiello & Stoff, 1997; Vitaro e.a., 1998) onderzoek gedaan naar subtypen van agressie. Samengevat maakt men onderscheid tussen het impulsieve, reactieve, vijandige, affectieve subtype tegenover het gecontroleerde, proactieve, instrumentele, gewelddadige subtype.
Dodge (1991) maakt onderscheid in reactief en proactief agressieve kinderen.

Reactief agressieve kinderen reageren agressief op anderen, omdat zij de bedoelingen van anderen in eerste instantie als vijandig beoordelen. Het reactief agressieve kind voelt zich snel bedreigd en is bang. Vanuit angst zal het zich bij voorbaat defensief en agressief opstellen. Reactieve agressie staat voor heetgebakerde woede, een dreigende, vijandige, defensieve houding, een hoge activiteit van het autonome zenuwstelsel (*arousal*). Het reactief agressieve kind reageert vooral vanuit frustratie en heeft een gebrek aan zelfcontrole. Reactief agressieve kinderen hebben vaak een geschiedenis van lichamelijke mishandeling, aanpassingsproblemen in relaties met leeftijdgenoten en problemen met sociale-informatieverwerking. Uit een onderzoek van Dodge en Coie (1987) komt naar voren dat reactief agressieve kinderen een sterke neiging hebben om vijandige bedoelingen aan leeftijdgenoten toe te kennen in situaties die voor meerdere uitleg vatbaar zijn.

Proactief agressieve kinderen daarentegen gebruiken agressie instrumenteel om hun doel te bereiken. Het proactief agressieve kind gebruikt fysieke kracht om andere kinderen te domineren en zet agressie in om een object te verwerven. Proactief agressieve kinderen verschillen niet van de groep niet-agressieve kinderen in het beoordelen van het gedrag van leeftijdgenoten in situaties die voor meerdere uitleg vatbaar zijn. Proactieve agressie staat voor koudbloedig, georganiseerd, berekenend, en weinig activiteit van het autonome zenuwstelsel. Het proactief agressieve kind is minder emotioneel en wordt meer geleid door de verwachting dat het agressieve gedrag positieve gevolgen zal hebben. Proactief agressieve kinderen hebben geen geschiedenis van lichamelijke mishandeling. Zij zijn zo geworden door jarenlange positieve bekrachtiging van agressief gedrag.

John is een voorbeeld van een jongen met proactief agressief gedrag.

> John vertoont onvoorspelbaar gedrag en is daarom voor anderen moeilijk te volgen. Zijn stemming kan ineens omslaan. John uit zich thuis op een agressieve manier door te gaan 'zuigen'. Hij kan dan niet stoppen en gaat net zo lang door tot zijn moeder boos wordt en hem zijn zin geeft. Moeder voelt zich dan schuldig. John heeft prestatiedrang en kan goed van zich af praten. Overal waar hij komt, bestookt hij andere kinderen met verbaal geweld. Hij is ze net een stapje voor, duwt, gooit een bal hard, intimideert. Hij zorgt dat hij altijd op de stoel zit die hij wil. Met kamp heeft hij de beste slaapplek en als hij wil dat er op het stapelbed onder hem niemand ligt, dan haalt ook niemand het in zijn hoofd om daar te gaan liggen. Hij is anderen te snel of te slim af. Hij vertelt verhalen die niet kloppen en redt zich daar weer uit met een nieuw verzonnen verhaal. Hij leent spullen die hij niet teruggeeft. Hij kan gespeeld boos zijn en echt boos.

Er moet echter voor gewaarschuwd worden om agressieve kinderen zwart-wit in te delen in reactief agressief en proactief agressief. Het is goed om te beseffen dat reactief agressieve kinderen ook proactief agressief gedrag kunnen vertonen en omgekeerd. Met andere woorden: agressieve kinderen zullen zowel reactief als proactief agressief zijn en kunnen omschreven worden als enerzijds overwegend reactief agressief en anderzijds overwegend proactief agressief.

Het opsplitsen van agressief gedrag in relevante subgroepen is niet alleen van theoretisch belang, maar is ook voor de therapeut belangrijk met het oog op eventuele aanknopingspunten voor specifieke interventies (Prins, 1994). Daarom zal er bij de behandeling van reactief agressieve kinderen meer gelet worden op het verwerken van de binnenkomende sociale informatie, zoals het letten op relevante sociale signalen, het interpreteren van bedoelingen van leeftijdgenoten en het genereren van responsen. Proactief agressieve kinderen laten afwijkende patronen zien bij de laatste stappen van het sociale-informatieverwerkingsmodel van Dodge (zie 1.2.1): het genereren van responsen, het uitvoeren van de gekozen respons en het evalueren van de gevolgen van het agressieve gedrag als positief (Dodge e.a., 1997).

1.1.3 Prevalentie

De prevalentie van antisociaal gedrag bij kinderen en adolescenten varieert van 4 tot 10% (Kazdin, 1987). Antisociaal gedrag is niet alleen stabiel door de tijd heen per individu (Loeber, 1982; Moskowitz e.a., 1979), maar is ook continu door generaties heen vanwege onder andere biologische en temperamentkenmerken, gebrekkig toezicht en controle, een gebrekkige affectieve band tussen ouders en kind (Junger-Tas, 1996) en slechte sociaaleconomische omstandigheden van de gezinnen waarin de jongeren opgroeien (Kazdin, 1987). Gedragsstoornissen bij kinderen zijn vaak voorlopers van problematiek in de adolescentie en de volwassenheid (Robins, 1991), zoals psychiatrische stoornissen, verslaving aan alcohol en drugs, criminaliteit, werkloosheid, afhankelijkheid van sociale voorzieningen, herhaalde echtscheidingen en vele ziekenhuisopnames. Ongeveer een derde tot de helft van de verwijzingen van kinderen en jeugdigen naar instellingen voor geestelijke gezondheidszorg betreft gedragsstoornissen (Verhulst, 1994).

Het grootste deel van strafbaar antisociaal gedrag komt voor rekening van een kleine groep jongeren: 6% van de totale groep jeugddelinquenten. Deze 'harde kern' zorgt voor 50 tot 70% van de jeugdcriminaliteit (Farrington & West, 1990).

De omvang van de prevalentie van antisociaal gedrag wordt mede bepaald door de mate van tolerantie, die door de tijd heen varieert. De afgelopen decennia heeft er een verschuiving plaatsgevonden van sociale normen en waarden. Op dit moment staat het stellen van normen en waarden weer in het brandpunt van de maatschappelijke discussie. Er wordt bijvoorbeeld gesproken over het handhaven van de nullijn (*zero tolerance*) om het antisociale gedrag van jongeren terug te dringen, terwijl in de jaren vijftig de regelbewakers deze lijn als een normaal onderdeel van hun taken beschouwden.

Agressieve kinderen en adolescenten bezorgen niet alleen hun omgeving of de maatschappij last, maar hebben ook zelf last van hun gedrag. Uit een onderzoek in Engeland onder agressieve jongeren bleek het hoge percentage suïcidepogingen. Van agressieve blanke meisjes in de leeftijd van 14 en 15 jaar heeft 39% een geschiedenis van serieuze suïcidepogingen. De incidentie van suïcidepogingen bij agressieve blanke jongens van 16 en 17 jaar is 24 tot 29% (Cairns & Cairns, 1991). Longitudinale studies laten verbanden zien tussen agressief en oppositioneel gedrag en een mislukte schoolcarrière, geringe populariteit onder leeftijdgenoten, tienerouderschap, arrestaties, delinquentie en drugsgebruik (Kazdin, 1997).

1.1.4 Maatschappelijk belang

In de jaren zeventig ontstond in Nederland een kentering in het onderwijs- c.q. opvoedingssysteem. Voor een strakke structuur en het aanleren van discipline kwamen creativiteit en zelfontplooiing in de plaats. Sinds die tijd is de hele maatschappij zich steeds meer gaan richten op kinderen. De invloed van reclame en de media speelt hierin ook een rol. Ondanks het feit dat er meer aandacht wordt geschonken aan de sociale ontwikkeling (kringgesprekken vanaf de peuterspeelzaal), krijgt de individualisering steeds meer de overhand.

Deze nieuwe opvoedingsstijl heeft ook een keerzijde. Kinderen moeten zich meer – vanuit zichzelf – leren beheersen bij het wachten op hun beurt en bij het delen met anderen. Door de welvaart zijn er meer keuzemogelijkheden gekomen. Ouders kunnen hierdoor conflicten uit de weg gaan. Kinderen worden meer als volwassenen behandeld. Driejarigen mogen bijvoorbeeld kiezen uit drie soorten drankjes. 'Wat wil je drinken? Roosvicee, diksap of appelsientje?' Verantwoordelijkheden worden verschoven. Traditie, regels en autoriteit vervagen. Meer vrijheid en meer keuzes maken het niet altijd gemakkelijker. Kinderen die in aanleg meer gebaat zijn bij structuur, orde en beloning naar prestatie, komen nu eerder bovendrijven als afwijkend en storend. Dat kunnen onder andere kinderen met een gedragsstoornis zijn (Van Manen, 1996).

Een belangrijke negatieve factor in de ontwikkeling van kinderen is het vele televisiekijken. In de Verenigde Staten zitten kinderen minder uren op school dan voor de tv. Duizenden uren tv-kijken betekent dat kinderen allerlei vaardigheden niet kunnen oefenen die essentieel zijn voor hun ontwikkeling tot zelfstandige volwassene. Schoolse vaardigheden, sociale vaardigheden, creativiteit en bijvoorbeeld probleemoplossingsvaardigheden worden te weinig geoefend. De tv laat veel agressiviteit zien. Agressief gedrag van kinderen wordt hierdoor versterkt.

Onze samenleving wordt steeds meer gedragen door een praateconomie. Een praateconomie vraagt om praatkinderen: kinderen die niet hinderen of hinderlijk zijn en zelfstandig kunnen werken. Dientengevolge legt men op de basisschool en de middelbare school ('het studiehuis') de nadruk op zelfstandig werken. Aan de andere kant vinden wij dat kinderen behoren te spelen, rennen, lachen, merkbaar plezier maken. Dat vereist ruimte, die in Nederland schaars is, en dat kan tot botsingen leiden tussen belangen van volwassenen en kinderen. Kortom, er wordt nogal wat van kinderen verlangd. Van nature evenwichtige kinderen kunnen deze situaties aan. Kinderen die frustraties en conflicten niet verbaal maar fysiek en niet reflectief (met begrip voor andermans standpunt) maar impulsief oplossen, komen in onze maatschappij in de problemen. Het is mede daarom noodzakelijk gedragsgestoorde kinderen te behandelen.

1.1.5 Theorieën over agressief en oppositioneel gedrag

Theorieën over agressief en oppositioneel gedrag of gedragsstoornissen zijn in het beste geval minitheorieën rond een bepaald domein, zoals aandachtsprocessen, sociale cognitie of morele ontwikkeling, of rond een beperkt aantal min of

meer samenhangende factoren, zoals de aanwezigheid van antisociale modellen, vijandigheid in het gezin of neurologische afwijkingen (Prins, 1994).
Enkele gangbare theorieën zijn:
- agressie is een aangeboren instinct (volgens onder anderen de etholoog Lorenz);
- agressie is biogenetisch bepaald en komt voort uit een combinatie van genetische aanleg, temperament en fysieke karakteristieken;
- agressie is het resultaat van de interactie van een fysiologisch activatieniveau en cognitieve factoren;
- agressie is het gevolg van frustratie;
- agressie is aangeleerd; direct en/of indirect bekrachtigd door anderen.

Klinische benaderingen van gedragsgestoorde kinderen (Kazdin, 1997; Lochman & Lenhart, 1995) schenken aandacht aan zaken als sociale-informatieverwerking/sociale cognitie, reactieve en proactieve agressie, zelfcontrole, impulsiviteit-reflectiviteit en probleemoplossingsvaardigheden.

Een agressief kind roept agressie en afwijzing op van andere kinderen en van volwassenen, zoals de leerkracht. Voelt het gedragsgestoorde kind zich afgewezen, dan reageert het vervolgens agressief op de andere kinderen en zo kan een zich herhalend proces van afwijzing, agressie en versterkte afwijzing plaatsvinden (Reid & Patterson, 1989). Dit patroon wordt versterkt door gezinsfactoren als huwelijksproblemen, ouders met emotionele problemen, financiële problemen, een psychiatrische stoornis bij een ouder of criminaliteit bij een ouder (Kazdin, 1985).

De kwaliteit van het gezin speelt een belangrijke rol, zoals de discipline en de affectieve band tussen ouders en kind. Gebrekkig toezicht/controle is een van de sterkste voorspellers van delinquentie (Junger-Tas, 1996).
Gedragsgestoorde kinderen sluiten zich gemakkelijker aan bij andere afgewezen kinderen, wat kan leiden tot spijbelen, slechte schoolprestaties en minder werkmogelijkheden in de toekomst.

Kinderen met een lage intelligentie, grote impulsiviteit en prikkelbaarheid (aandachtstekortstoornis met hyperactiviteit) zijn kwetsbaar voor antisociaal gedrag (Junger-Tas, 1996). Het is van essentieel belang dat men niet naar één factor kijkt maar naar een samenspel van factoren.

Men is het erover eens dat antisociaal gedrag de resultante is van de werking van verschillende factoren, zoals kindspecifieke factoren, gezins- en omgevingsfactoren. Antisociaal gedrag wordt instandgehouden door de wisselwerking van kind, gezin en omgeving.

Antisociaal gedrag op een bepaalde leeftijd in de ontwikkeling kan als normaal worden beschouwd. Twee derde van de jongeren blijkt in de leeftijd van 12 tot 17 jaar antisociaal gedrag te vertonen, zoals zwartrijden, mensen lastigvallen, winkeldiefstal, vernieling en graffiti (Ferwerda e.a. 1996). Veel antisociaal gedrag wordt ondergebracht bij een behoefte aan spanning en avontuur, die na het 17e jaar weer verdwijnt. Kinderen van rond 6 jaar maken een overgang mee in hun verstandelijke ontwikkeling van de magische denkwereld naar de fase van de concrete operaties. Zij gaan de volwassenen en vooral hun ouders steeds meer zien als gewone, feilbare mensen en stellen hun als zodanig op de proef. In deze fase gaan kinderen dientengevolge liegen en stelen. Liegen neemt na het 9e jaar weer af (Stouthamer-Loeber & Loeber, 1986). Zo blijkt uit een longitudinaal onderzoek van MacFarlane, Allen en Honzik (1954) dat 53% van de jongens van 6 jaar liegt, terwijl het percentage jongens van 12 jaar dat liegt is teruggelopen naar 10. Het kind beneden de leeftijd van 7 jaar beoordeelt daden niet naar hun motieven, maar naar hun gevolgen. Per ongeluk tien kopjes breken is veel erger dan er één opzettelijk kapot gooien. Een kind van 8 jaar dat geld uit de portemonnee van zijn vader of moeder pakt, geeft hier aan een heel ander waardeoordeel dan een volwassene (Van Manen e.a. 1980). De gewetensontwikkeling van kinderen speelt hierbij een belangrijke rol (Kohlberg, 1968).

1.2 Theoretisch uitgangspunt van het interventieprogramma Zelfcontrole

Als theoretisch uitgangspunt van het sociaal-cognitieve interventieprogramma Zelfcontrole wordt de sociale-informatieverwerkingstheorie van Dodge gehanteerd. Dodge beschrijft zes cognitieve vaardigheden die nodig zijn voor het verwerken van sociale informatie. In de volgende paragrafen wordt dit beschreven en wordt aandacht besteed aan de pijlers waarop het sociaal-cognitieve interventieprogramma is gebouwd, namelijk: zelfcontrole, sociale cognitie en probleemoplossen.

1.2.1 Sociale-informatieverwerkingstheorie

Kinderen met agressief en oppositioneel gedrag vertonen tekorten en vervormingen in de sociale-informatieverwerking (Crick & Dodge, 1994; Kendall & Lochman, 1994). Als theoretisch referentiekader wordt het model van Dodge (1986) gebruikt. Dit model bestaat uit zes stappen:
1 het decoderen van sociale tekens;
2 het interpreteren van de sociale informatie;
3 het zoeken naar de juiste respons voor het sociale probleem;
4 het evalueren en selecteren van de optimale respons;
5 het uitvoeren van de gekozen oplossing;
6 het evalueren van de uitvoering en terugkoppelen naar stap 1.

Wanneer een kind geconfronteerd wordt met een sociaal teken, zoals een provocatie door een ander kind in een spel, dan zal het deze informatie eerst decoderen met zijn zintuigen (stap 1). Het kind maakt een mentale representatie van deze sociale tekens, bijvoorbeeld 'bedreigend' of 'goed bedoeld' door de verworven socialisatieregels toe te passen en kan emoties als angst en boosheid ervaren (stap 2). Vervolgens wordt gezocht naar een respons; verschillende gedragsresponsen worden opgeroepen uit het langetermijngeheugen (stap 3). Deze responsen worden geëvalueerd op hun geschiktheid voor de specifieke situatie en wel of niet goed bevonden (stap 4). Eén respons wordt gekozen en uitgevoerd (stap 5). De uitvoering van de gekozen respons (oplossing) wordt geëvalueerd en teruggekoppeld naar stap 1 voor de nieuwe cyclus van informatieverwerking (stap 6). Dit is een dynamisch circulair model.

Sociale-informatieverwerkingstheorieën beschrijven de cognitieve taken, die nodig zijn voor waarnemen en probleemoplossen, en de emotionele taken, die de verkregen informatie integreren met iemands doelen, motivatie en arousal-regulatie (Dodge, 1993).

Ieder kind heeft zijn sterke en zwakke kanten ten aanzien van zijn of haar sociaal-cognitieve patroon. Met nadruk moet gezegd worden dat niet elk agressief kind bij elke stap van het model van sociale-informatieverwerking problemen zal hebben. Als groep is er sprake van tekorten en vervormingen bij de sociaal-cognitieve processen.

Dodge (1993) probeert het sociale-informatieverwerkingsmodel door te trekken naar een verklaringsmodel voor psychopathologie. De constructen van sociale-informatieverwerkingspatronen en kennisstructuren kunnen samengevoegd worden tot een nieuw theoretisch kader ter verklaring van de etiologie van gedragsstoornissen.

Volgens dit kader komen evoluerende kennisstructuren voort uit de interactie tussen vroege levenservaringen en biologische tekortkomingen van het geheugen en het neurologische systeem. Naast de schemata van vroegere levenservaringen bestaan deze kennisstructuren uit verwachtingen over toekomstige gebeurtenissen en 'affectief zwakke plekken' (Dodge, 1993).

Het eindproduct van deze door schemata aangezette verwerking van informatie kan deviant gedrag zijn. Uit een opeenstapeling van chronisch deviante verwerking van informatie en deviant gedrag ontstaat ten slotte psychopathologie. Bij agressief en oppositioneel gedrag spreekt men van gedragsstoornissen. Zowel de biologische als de omgevingsbronnen worden in de theorie geïntegreerd (Dodge, 1993). Agressief en oppositioneel gedrag van gedragsgestoorde kinderen wordt niet louter situatiespecifiek bepaald. In het geheugen zijn vele gedragsresponsen, strategieën en schema's opgeslagen. Bij agressieve kinderen zullen deze agressief getint zijn. Als agressieve kinderen nieuw gedrag hebben geleerd, zal oud gedrag in bepaalde situaties weer opduiken. Zij zijn geneigd om agressieve oplossingen te kiezen voor sociale problemen. Dit zijn ingeslepen patronen waarop ze soms onder andere ten gevolge van stress weer terugvallen ondanks het nieuw aangeleerde gedrag, dat zeker op de lange duur meer voordelen zal geven dan het oude. Om agressieve kinderen duidelijk te maken hoe het komt dat ze soms tijdelijk terugvallen in hun oude gedrag, vooral als dit al jaren bestaat, gebruik ik het volgende voorbeeld.

> Misschien herinner je je de overgang van een fiets met terugtraprem naar een fiets met handremmen. In het begin moet je bij het remmen goed nadenken dat je dat met je handen moet doen in plaats van met je voeten. Na een tijdje ben je eraan gewend. Soms komt het dan voor dat je in het drukke verkeer plotseling moet remmen en de terugtraprem gebruikt in plaats van de handremmen. Herken je dat gevoel?
> Een jongen vertelde mij laatst ook een voorbeeld van terugvallen in je oude gedrag. Hij dekt altijd de tafel. Zijn broer is sinds een jaar het huis uit. Af en toe dekt hij voor vijf personen als hij er met zijn gedachten niet bij is, terwijl ze thuis nu met z'n vieren zijn.

Met andere woorden: op momenten van onachtzaamheid, spanning of vermoeidheid kan het voorkomen dat een kind in het oude gedrag terugvalt.
Aan de sociale-informatieverwerkingsstappen voegt Dodge aspecten van de cognitieve schematatheorie toe:
1 De stimulusspreiding is zo overweldigend, dat een kind wel aandacht moet leren geven aan *bepaalde* stimuli en niet aan *alle* stimuli om effectief te kunnen reageren. Persoonlijke emotionele behoeften en socialiserende invloeden (directieven van ouders) helpen het kind om aandacht te kunnen geven aan de intentie van anderen, sociale normen, regels en bedreigingen (Walden & Ogan, 1988). Hieronder vallen het decoderen van relevante aspecten van de stimulusomgeving, selectieve aandacht voor sociale tekens en het opslaan van informatie over sociale tekens in het kortetermijngeheugen.
2 In de tweede stap wordt betekenis gegeven aan de gedecodeerde tekens door middel van een mentale representatie. In het geheugen wordt een betekenisvolle interpretatie van de stimulus opgeslagen. Er wordt een betekenis gegeven aan de stimulus, die past bij de emotionele behoeften en doelen van het kind.
3 Bij de stap 'het zoeken naar een respons' worden door de mentale representatie een of meer gedrags- en affectieve responsen belicht. Mentale representaties zijn verbonden met allerlei mogelijke responsen, waaronder verbalisaties, motorische activiteiten, endocriene secreties, autonome arousal en affect (Schneider, 1991). Zo zal een kind dat sociale afwijzing als een bedreiging ervaart kunnen reageren met huilen, verlies van eetlust, zich verdrietig voelen en secretie van cortisol (Dodge, 1993).
4 De vierde stap onderscheidt zich door het evalueren van de respons. Vragen worden dan gesteld in de trant van goed of slecht: wat zullen de gevolgen zijn

voor interpersoonlijke, intrapersoonlijke en instrumentele uitkomsten? Uiteindelijk wordt een aanvaardbare respons gekozen.
5 Ten slotte wordt de gekozen respons uitgevoerd, dat wil zeggen in termen van gedrag, verbalisaties, motorische activiteit, autonome activiteit en bijvoorbeeld neuro-endocriene secretie.
6 Het verwerken van sociale informatie vindt tegelijkertijd plaats op parallelle paden in het zenuwstelsel en de hersenen. Kinderen zijn betrokken bij een veelheid van sociale-informatieverwerkingsactiviteiten op hetzelfde tijdstip (ze zijn bijvoorbeeld bezig met het interpreteren van processen, terwijl ze tekens aan het decoderen zijn, doorgaan met het afwegen van de betekenis van andermans gedrag en ondertussen antwoorden aan het zoeken zijn voor hun eigen gedrag). Gedrag is niet een eenvoudige uitvoering van een som van algebraïsche verwerkingsstappen (Dodge, 1993).

1.2.2 Zelfcontrole

In de Nationale Vriendschapsweek stond het volgende verhaal op internet:

Er was eens een jongen met zeer weinig zelfbeheersing. Zijn vader gaf hem een zak spijkers en zei tegen hem dat elke keer als hij zijn zelfbeheersing verloor hij een spijker in de achterkant van de schutting moest slaan.

De eerste dag sloeg de jongen 37 spijkers in de schutting. In de loop van de volgende paar weken, toen hij leerde om zijn kwaadheid onder controle te krijgen, werd het aantal spijkers dat hij in de schutting sloeg geleidelijk minder. Hij zag in dat het gemakkelijker was om zijn zelfbeheersing niet te verliezen dan al die spijkers in de schutting te slaan.

Uiteindelijk kwam de dag dat de jongen zijn zelfbeheersing niet meer verloor. Hij vertelde dit aan zijn vader en zijn vader stelde voor dat de jongen nu voor elke dag dat hij zijn zelfbeheersing behield een spijker uit de schutting zou halen.

De dagen gingen voorbij en de jongeman was eindelijk zover dat hij zijn vader kon vertellen dat alle spijkers waren verdwenen. De vader nam de jongen bij de hand en ging met hem naar de schutting. Hij zei: 'Je hebt het goed gedaan, mijn zoon, maar kijk nu eens naar al die gaten in de schutting. De schutting zal nooit meer hetzelfde zijn. Als je dingen zegt in woede, laten ze een litteken achter, net als deze gaten. Je kunt iemand met een mes steken en het mes er weer uit trekken. Het maakt niet uit hoe vaak je zegt dat het je spijt, de wond zal er blijven.'

Een verbale wond is even erg als een fysieke wond. Vrienden zijn een kostbaar juweel. Ze laten je lachen en moedigen je aan om je taak te volbrengen. Ze lenen je hun oor en ze geven woorden van lof en zullen altijd hun hart voor je openstellen. Laat je vrienden daarom merken hoeveel ze voor je betekenen en hoeveel je van ze houdt.

Agressief en oppositioneel gedrag en zelfcontrole zijn begrippen die conceptueel verwant zijn in die zin dat agressief en oppositioneel gedrag opgevat kan worden als een falen van of een tekort aan zelfcontrole. Zelfcontrole wordt door de sociale omgeving zeer gewaardeerd. Kinderen die geen controle hebben over hun gedrag worden negatief beoordeeld door leeftijdgenoten en volwassenen. De ontwikkeling van zelfcontrole kan worden gezien in het licht van de overgang van impulsief gedrag naar reflectief gedrag. Het kind groeit op in een proces, waarbij het leert dat in een bepaalde situatie verschillende gedragsvarianten leiden tot verschillende consequenties. Het opdoen van ervaring met gevolgen van verschillend gedrag in min of meer analoge situaties vormt een basisvoorwaarde voor het ontstaan van een discriminatieproces, waarbij het kind leert de verschillende consequenties te overzien, ze te overwegen (reflectie), erop te anticiperen en er vervolgens pas gedrag tegenover te stellen (Van Manen e.a.1980). Op die manier krijgt een kind niet alleen steeds meer controle over zijn lichaamsfuncties (lopen, praten, zindelijk worden, lezen, schrijven, rekenen, fietsen, zwemmen), maar krijgt het ook impulsen onder controle die voor een goed sociaal contact kunnen zorgen (op je beurt wachten, delen, leren omgaan met frustraties, complimenten geven en krijgen, kritiek kunnen krijgen en geven, onderhandelen en boos zijn op een aanvaardbare manier). In het begin van de ontwikkeling is de interne controle van kinderen niet voldoende ontwikkeld en zorgen ouders, leerkrachten en andere volwassenen (externe controle) ervoor dat het kind de functies onder controle krijgt. In de loop van de ontwikkeling krijgt het kind steeds meer controle over zijn gedrag, gedachten en gevoelens. Dit versterkt het gevoel van eigenwaarde. Het kind maakt zich de zelfcontrole eigen (Kanfer, 1977) door:
– zelfobservatie, ook wel monitoring genoemd, het observeren van eigen handelingen;
– zelfbeoordeling, weten of een bepaald gedrag wel of niet acceptabel is;
– zelfbekrachtiging, zichzelf een schouderklopje geven voor goed gedrag.

Op deze drie onderdelen van zelfcontrole schieten agressieve kinderen vaak tekort.

Zelfobservatie of monitoring vormt een belangrijk onderdeel van de behandeling. Met zelfobservatie wordt bedoeld het observeren door het kind van het ongewenste gedrag, eventueel met antecedenten en consequenties. Ook wordt gevraagd om de frequentie en de intensiteit van het ongewenste gedrag aan te geven. Aandacht geven aan en concentreren op interne en externe prikkels vergroten de kans op verandering van agressief gedrag. Het leren herkennen van verschillende gevoelens door het onder woorden kunnen brengen van verschillende interne prikkels zorgt voor meer zelfcontrole, meer zelfvertrouwen en een positieve verandering in het gedrag. Was voorheen het agressieve kind gewend om een veelheid van interne prikkels te benoemen als 'boos' en 'kwaad', nu heeft het een groter gevoelsrepertoire ontwikkeld en worden interne prikkels minder vaak als boos of kwaad, maar ook als bijvoorbeeld beschaamd, schuldig, verward, jaloers of verveeld geïnterpreteerd. Dit alleen al zorgt voor minder agressief gedrag.

Bij zelfbeoordeling is het van belang dat kinderen hun gedrag niet in absolute zin interpreteren als goed of fout. Twee keer schelden op een dag in plaats van twintig keer is een verbetering en daarom is het goed om de kinderen te leren kijken naar hun gedrag in het licht van verandering. Kinderen beoordelen hun gedrag vaak strenger dan ouders. Ouders zijn al blij als hun kind na twee keer roepen aan tafel komt om te eten in plaats van eerst rond de tien keer; het kind daarentegen vindt dat het nog steeds niet meteen aan tafel komt als er wordt geroepen. Dag- of weekverslagen (zie 2.3) kunnen een bijdrage leveren aan de zelfbeoordeling. De gedragspunten zijn daarin realistisch geformuleerd. In het algemeen formuleert de therapeut gedragingen positief. Een kind dat in zijn bed plast wordt verzocht om de droge nachten bij te houden en niet de natte bedden, omdat deze manier bijdraagt aan de verandering van het plasgedrag. Agressieve kinderen hebben een sterke neiging om de schuld bij anderen te leggen. Daarom is het nodig dat zij allereerst het eigen gedrag als problematisch leren zien.

Zelfbekrachtiging, jezelf een schouderklopje geven, komt vreemd over bij kinderen. Agressieve kinderen krijgen weinig complimentjes en geven heel moeilijk complimentjes. Daarom wordt dit in de behandeling geoefend.

Zelfcontrole, ook wel zelfregulatie of zelfsturing genoemd, geeft een machtig gevoel. Als je andere kinderen de schuld geeft van de vervelende dingen die met je gebeuren, denk je vaak dat die andere kinderen moeten veranderen. Zelf kun je daar weinig aan doen. Als je merkt dat je door zelfcontrole – door eigen toedoen – situaties kunt veranderen, verhoogt dit het gevoel van eigenwaarde.

Bij het aanleren van zelfcontrole bij agressieve kinderen kunnen zelfobservatie, zelfbeoordeling en zelfbekrachtiging in combinatie met het behavioristische S-O-R-model worden gebruikt. Vanuit het S-O-R-model kunnen we op drie manieren ingrijpen in de gedragsketen. Dit kan door stimuluscontrole, stimulus-responsinterventie en responsconsequentie. Een duidelijke omschrijving van het probleemgedrag is een eerste vereiste.

Als voorbeeld nemen we een 10-jarige jongen die thuis excessief vloekt en scheldt. Als *zelfobservatie*-opdracht krijgt hij het registreren van het thuis schelden en vloeken. Om de jongen hiernaast te helpen met het onder controle krijgen van het vloeken wordt tegen hem gezegd: 'De overgang van vloeken en schelden naar helemaal niet meer schelden en vloeken is te groot. Je hebt natuurlijk toch behoefte om te vloeken en te schelden, omdat je het al zo lang gewend bent. Daarom mag je elke dag vijftien minuten lang op je kamer vloeken en schelden. Van hoe laat tot hoe laat wil je dat doen, wat is voor jou de beste tijd?' Doordat de jongen een tijd kiest, is hij deelnemer aan het veranderingsproces. Dit is een *stimulus-controle*-procedure.

Als *zelfbeoordeling* wordt de jongen gevraagd dagelijks zijn vloeken en schelden te beoordelen op onderstaande schaal.

| scheldt of vloekt | 1 | 2 | 3 | 4 | 5 |

1 = nooit 2 = zeldzaam 3 = soms   4 = vaak   5 = altijd

Aan de ouders wordt hetzelfde gevraagd. Ouders en kind mogen elkaars scores niet weten. Wekelijks laten zij de scores zien aan de therapeut, die er op die manier achterkomt of ouders en kind dezelfde standaard gebruiken. Zo niet, dan kan hij het bijstellen. Hoeveel keer schelden is voor ouders en kind acceptabel? De therapeut zorgt voor overeenstemming tussen ouders en kind over het aantal keren schelden of vloeken. Als *stimulus-responsinterventie* wordt de jongen een ontspanningsoefening geleerd, die hij kan gebruiken als hij voelt aankomen dat hij gaat vloeken of schelden. Wanneer de ontspanningsoefening niet het gewenste effect heeft en hij moet toch vloeken of schelden, dan zal hij naar zijn kamer rennen om zodoende de respons uit te stellen. Is het gelukt om het vloeken of schelden te voorkomen, dan volgt de *zelfbekrachtiging* in de zin van een verbale bekrachtiging van zichzelf en zijn ouders, of een materiële of sociale bekrachtiging. Als na alle pogingen het ongewenste gedrag toch wordt uitgevoerd, kan als *responsconsequentie* worden gekozen voor het uitvoeren van ander gewenst gedrag dat gemakkelijker te realiseren is, zoals het ophangen van de jas of het opruimen van schoenen of de sporttas. Er kan ook gekozen worden voor het verbeteren van de conditie (vijf of tien minuten sporten), van schoolse vaardigheden (vijf of tien minuten rekenen), of van muzikale vaardigheden (vijf of tien minuten pianospelen). Het mes snijdt ten slotte in positieve zin aan twee kanten, want dit resulteert in minder of geen schelden en vloeken en een betere conditie, beter rekenen of beter piano spelen.

Behalve kinderen met normaal gedrag zijn er kinderen met te veel zelfcontrole en kinderen met te weinig zelfcontrole. Er wordt een onderscheid gemaakt tussen externaliserende of *undercontrolled* kinderen en internaliserende of *overcontrolled* kinderen (Achenbach, 1985). Externaliserende of undercontrolled kinderen zijn kinderen met agressief, delinquent, hyperactief of impulsief gedrag, die worden gekenmerkt door een tekort aan zelfcontrolevaardigheden en een impulsieve manier van denken en doen. Zij hebben problemen met frustratietolerantie, uitstel van behoefte, het vasthouden van de aandacht of het gebruiken van probleemoplossingsvaardigheden. Internaliserende of overcontrolled kinderen zijn kinderen met angst, depressie of somatische klachten en worden gekenmerkt door vermijdingsgedrag, dat zijn oorsprong vindt in hun angst voor nieuwe en onbekende ervaringen. Zij staan te zeer stil bij de beoordeling van hun eigen gedrag. Zelfcontrole kan zorgen voor een selectieve onderdrukking van impulsen. Het uiten van ongewenste impulsen wordt tegengegaan uit het oogpunt van veiligheid of bijvoorbeeld de angst voor het verlies van een vriendschap. Zelfcontrole kan ook zorgen voor een omvorming van impulsen tot een aanvaardbare uitingsvorm. Agressie in de sport bij zowel de sporter als het publiek kent andere uitingsvormen dan in het gewone maatschappelijke verkeer. Taal speelt bij zelfcontrole en agressie een belangrijke mediërende rol. Als je je agressieve gevoelens zodanig onder controle hebt dat je ze op een acceptabele manier onder woorden kunt brengen, sta je hoog aangeschreven bij andere mensen.

Het verbaliseren van gevoelens en helemaal van agressieve gevoelens vergt veel van een kind. Naast de trias zelfobservatie, zelfbeoordeling en zelfbekrachtiging moet het kind ook de taal machtig zijn: gevoelens herkennen, ze op juiste wijze benoemen en in de juiste context gebruiken. Dit zijn aspecten die kinderen met agressief en oppositioneel gedrag meestal niet voldoende beheersen. In de behandeling zal daaraan aandacht worden besteed. Kinderen van 2, 3 jaar met driftbuien worden hun emoties vaak de baas als ze beter leren praten en kunnen zeggen wat ze willen en bedoelen. Kleine kinderen merken dat ze met taal afstand kunnen overbruggen en daarmee zichzelf kunnen geruststellen. Door middel van taal kunnen ze te weten komen of hun moeder in de keuken of op zolder is en hoeven ze haar niet per se te zien om gerustgesteld te zijn. Ouders vervullen een belangrijke voorbeeldfunctie in de zelfspraak van kinderen. Een ouder kan hardop denkend aangeven hoe hij bepaalde dingen plant, hierin vergissingen begaat en deze vervolgens weet op te lossen. Een kind leert ook veel als een ouder expliciet aangeeft wat het goed of fout heeft gedaan. 'Goed dat je eraan dacht om Edwin te bellen, dat hij niet kon komen, want anders had hij voor een dichte deur gestaan.' Vaak zeggen ouders 'doe normaal' of 'doe eens rustig', terwijl het maar de vraag is of het kind weet wat bedoeld wordt met 'normaal' en met 'rustig'. Het is beter om datgene te vragen wat van hen verlangd wordt in termen van concreet gedrag en niet door het geven van een oordeel.

Zelfspraak geeft uiting aan zelfcontrole en de trias zelfobservatie, zelfbeoordeling en zelfbekrachtiging. De zelfspraak van een kind vertelt hoe het over zichzelf en anderen denkt. Een agressief kind dat bijvoorbeeld denkt: 'ze moeten mij altijd hebben', 'ik kan niet tegen mijn verlies', 'mij lukt nooit iets', of 'als ik niet mee mag doen dan ga ik ook hun plezier vergallen', kan gezien worden als een reactief agressief kind. Een agressief kind dat denkt: 'als ik wil, kan ik gemakkelijk vrienden maken', 'ik wil winnen', 'ze vinden mij bijdehand', of 'ik mag er best wezen' lijkt meer op een proactief agressief kind. Agressieve kinderen kunnen onder andere geholpen worden met het veranderen van hun zelfspraak. Impulsieve kinderen of reactief agressieve kinderen staan niet voldoende stil bij hun zelfspraak. Door hen te leren dit wel te doen verandert er al veel. Als de jongen op het zebrapad – uit het voorbeeld in de inleiding – niet meteen zijn middelvinger opsteekt en eerst om zich heen kijkt om te zien waar het getoeter van de auto vandaan komt, zal zijn agressieve gedrag afnemen.

1.2.3 Sociale cognitie

Uitstellen van onmiddellijke behoeftebevrediging, weerstand kunnen bieden aan verleiding, delen met anderen, op je beurt wachten, frustratie tolereren- het zijn voor onze samenleving belangrijke sociale eisen. Kinderen die daar moeite mee hebben en er zich niet aan kunnen houden, worden gezien als (onder andere) kinderen met agressief en opstandig gedrag. Ieder kind leert in zijn ontwikkeling cognitieve vaardigheden en voor sociale situaties sociaal-cognitieve vaardigheden. Met het ouder worden komen er stapsgewijs vaardigheden bij en komen de cognities op een hoger abstractieniveau te liggen. Zo komt een kind er op een dag achter dat het niet alleen een ander observeert en beoordeelt, maar dat het ook zelf als object fungeert voor die ander en door die ander wordt geobserveerd en beoordeeld. Een weerspiegeling van de sociaal-cognitieve ontwikkeling vind je bij kinderen in hun spel. Bij verstoppertje denkt degene die hem is: 'Waar zal Tim zitten? Tim gaat altijd daar zitten'; vervolgens: 'Tim denkt dat ik weet waar hij altijd gaat zitten; daarna: 'Als Tim denkt dat ik weet waar hij gaat zitten en hij denkt dat ik denk dat hij daarom ergens anders gaat zitten, dan kan hij ook denken: ik kan net zo goed op mijn oude plek gaan zitten.'
    Sociale cognitie wordt gezien als een heel belangrijke en zelfs noodzakelijke voorwaarde voor kwalitatieve veranderingen in sociaal gedrag (Selman, 1980). Het definiëren van het begrip sociale cognitie kan gekoppeld worden aan het doorlopen van de volgende stappen in de ontwikkeling van een kind (Gerris e.a., 1980):
– kennis en ideeën verwerven over uiterlijk waarneembare kenmerken van mensen en waarneembaar gedrag;
– kennis verwerven over innerlijke, niet-waarneembare processen bij henzelf of de ander en die kunnen afleiden (bijv. gedachten, gevoelens, intenties van de ander, waarden en normen);
– kennis verwerven over relaties en kwaliteiten van relaties tussen mensen en die kunnen afleiden (bijv. vriendschap, liefde, macht, samenwerking, beïnvloeding).

Cutrona en Feshbach (1979) hebben een eenvoudig testje bedacht waarmee men kan zien welke informatie kinderen gebruiken. Het gaat als volgt:

> Instructie: Ik ga je iets vertellen over een jongen van jouw leeftijd. Ik zal je eerst vertellen wat voor soort jongen het is.
> Peter is een jongen die anderen niet graag ongelukkig ziet. Peter wil graag dat de vrienden van zijn broer hem voor vol aanzien. Peter voelt zich afgewezen wanneer hij niet mag meespelen met zijn oudere broer.

Dit gedeelte van de test vertelt iets over iemands innerlijke processen, zoals wat die voelt of denkt.

> Op een zaterdagmorgen vraagt Peters broer hem of hij mee gaat zwemmen samen met de andere grote jongens. Net op dat moment belt een jongetje uit de buurt aan om te vragen of Peter komt spelen. De broer van Peter zegt: 'O nee, hè. Het is Joey, die huilebalk, die kan niet met ons mee. De andere jongens nemen het plagen over. Peters broer zegt tegen Peter: 'En? Ga je met ons mee of blijf je liever hier met Joey spelen?'
> Test: Wat zal Peter doen? Waarom denk je dat hij dat zal doen?

Het tweede gedeelte van de test bevat informatie over externe omstandigheden en uiterlijk waarneembaar gedrag. Als kinderen alleen deze informatie gebruiken bij het beantwoorden van de testvragen, betekent dit dat zij jonger zijn dan kinderen die ook de informatie gebruiken uit het eerste gedeelte van de test. Het bleek dat agressieve kinderen significant meer gebruik maakten van de informatie uit het tweede gedeelte van de test. Zij schieten tekort in het waarnemen van sociale tekens bij andere kinderen en volwassenen.

In de literatuur (Shantz, 1983) bestaat consensus over de stappen in de ontwikkeling die een kind doorloopt om zich alle sociaal-cognitieve vaardigheden eigen te maken. Selman (1980) heeft een structureel ontwikkelingsmodel van sociaal-cognitief functioneren ontwikkeld en dit wordt nu als uitgangspunt genomen voor de indeling van sociaal-cognitieve vaardigheden. Het bestaat uit vijf niveaus.

1 Niveau 0: het egocentrische niveau manifesteert zich rond het vierde jaar (tussen 3 en 6 jaar). Het zelf en de ander worden in lichamelijk opzicht onderscheiden, maar niet in psychologisch opzicht. Het kind maakt geen onderscheid tussen waarnemingen, gedachten en gevoelens van het zelf en de ander.
2 Niveau 1: het niveau van subjectief perspectief nemen manifesteert zich rond

het zesde jaar (tussen 5 en 9 jaar). Het kind wordt zich ervan bewust dat andere kinderen en volwassenen andere gedachten en gevoelens kunnen hebben over dezelfde sociale situatie. Het begrijpt dat goede daden zijn gebaseerd op goede bedoelingen. Het kind is in staat om te differentiëren tussen perspectieven van het zelf en de ander.

3 Niveau 2: het niveau van zelfreflectie manifesteert zich rond het achtste jaar (tussen 7 en 12 jaar). Het kind is in staat om het perspectief van de ander in relatie tot zichzelf af te leiden: 'Als anderen vervelend tegen mij doen, mag ik ook vervelend doen.' Het kan zichzelf in de schoenen van de ander plaatsen en zichzelf zien als een subject van een ander, een tweedepersoonsperspectief.

4 Niveau 3: het niveau van wederzijds perspectief nemen manifesteert zich rond het tiende jaar (tussen 10 en 15 jaar). Het kind is zich er nu van bewust dat een ander ook gedachten, gevoelens en bedoelingen van hemzelf kan afleiden. Het beseft dat het wederzijds gebeurt tussen jezelf en de ander, maar ook tussen andere kinderen en volwassenen onderling. Bij het coördineren van perspectieven kan het kind als het ware de interactie van zichzelf met anderen vanuit een derde persoon observeren en beoordelen.

5 Niveau 4: het niveau van maatschappelijk perspectief nemen manifesteert zich vanaf ongeveer 12 jaar tot op volwassen leeftijd. Het perspectief van de gegeneraliseerde ander vertegenwoordigt het abstracte, normatieve of maatschappelijke perspectief. Het kind of de adolescent gaat beseffen dat 'derdepersoons' of wederzijds perspectief nemen niet voldoende is om communicatie tussen personen te kunnen begrijpen. Communicatie gaat ook over onuitgesproken gevoelens, gedachten en bijvoorbeeld sociale conventies waarvan men kennis moet hebben om ze te kunnen begrijpen.

De eerste vier niveaus van sociaal-cognitieve ontwikkeling (Selman & Byrne, 1974) kunnen worden uitgedrukt in drie basisvaardigheden:
1. perspectieven kunnen differentiëren: het eigen perspectief is niet identiek aan dat van een ander;
2. perspectief kunnen nemen, het perspectief van een ander kunnen bepalen: wat ziet, voelt, denkt de ander en wat is hij van plan?
3. perspectieven kunnen coördineren.

In de sociaal-cognitieve ontwikkeling ligt er ongeveer twee jaar tussen de drie opeenvolgende basisvaardigheden. Gerris (1981) gaat ervan uit dat zich in de tussenliggende twee jaar aanvullende vaardigheden ontwikkelen. Hij komt tot de volgende acht sociaal-cognitieve vaardigheden: identificeren, discrimineren, differentiëren, vergelijken, zich verplaatsen, relateren, coördineren en verdisconteren. Hij omschrijft ze als volgt:
1. *Identificeren*. Het kind is zich bewust van het bestaan van een perspectief. Hij beseft dat hijzelf of de ander een perspectief heeft zonder dat hij al in staat is het perspectief van de ander af te leiden of aan te geven waarin de perspectie-

ven precies verschillen of overeenkomen. Het identificeren wordt onderverdeeld in onderkennen, herkennen en benoemen van observeerbare c.q. gegeven perspectieven. Bij het onderkennen kan het kind in een sociale situatie aangeven of de ander iets ziet, iets van plan is enzovoort. Bij het herkennen moet het kind kunnen aangeven of een gegeven perspectief overeenkomt met een observeerbaar perspectief. Bij het benoemen van perspectieven moet het kind observeerbare perspectieven kunnen omschrijven.

2. *Discrimineren*. Het kind kan beoordelen of twee of meer observeerbare of gegeven perspectieven hetzelfde zijn of niet. Het is nu nog niet vereist dat het kind precies kan aangegeven waarin de gegeven perspectieven overeenkomen of verschillen.
3. *Differentiëren*. Het gaat om het begrijpen dat twee of meer personen in gelijke of verschillende situaties niet altijd dezelfde perspectieven hebben. Dit houdt in dat het kind kan afleiden dat wanneer het perspectief van de ene persoon bekend is een andere persoon niet noodzakelijk hetzelfde perspectief heeft.
4. *Vergelijken*. Het kunnen differentiëren wordt verder uitgebreid als het kind beseft dat er overeenkomsten en verschillen zijn tussen perspectieven van twee of meer personen. Het gaat bij vergelijken om het bepalen en benoemen van verschillen en overeenkomsten tussen observeerbare perspectieven.
5. *Zich verplaatsen*. Op dit niveau kan het kind zich losmaken van zijn eigen perspectief en vanuit de positie of rol van de ander het perspectief van de ander afleiden. Zich verplaatsen is het kunnen afleiden van het perspectief van de ander of kunnen verklaren (vanuit de positie of rol van een ander) waarom de ander een bepaald perspectief heeft.
6. *Relateren*. Ging het bij verplaatsen om een causale relatie tussen een perspectief en een oorzaak, bij relateren gaat het om het leggen van causale relaties tussen minstens twee perspectieven en hun oorzaken en vice versa, dat wil zeggen dat het subject mogelijke oorzaken moet kunnen aangeven voor gelijke of ongelijke perspectieven en/of mogelijke gevolgen van gelijke of ongelijke oorzaken.
7. *Coördineren*. Op dit niveau ontdekt het kind de mogelijkheid dat iedere persoon in een sociale situatie het perspectief kan afleiden van een andere persoon, die zich in dezelfde situatie bevindt. Dit betekent dat het kind in staat is een sociale situatie met twee of meer op elkaar betrokken perspectieven te overzien vanuit een zogenoemde derdepersoonspositie.
8. *Verdisconteren*. Verdisconteren is de vaardigheid om rekening te kunnen houden met het resultaat van een afleidingsproces met betrekking tot het perspectief van de ander in de interactie met de ander. Dit betekent dat het kind zich bewust is van de mogelijkheid het perspectief van de ander te beïnvloeden door in zijn gedrag rekening te houden met het resultaat van een afleidingsproces.

De verschillende sociaal-cognitieve vaardigheden worden geïllustreerd aan de hand van het onderstaande verhaal en de diagnostische vragen die erbij worden gesteld. Door dit verhaal als onderdeel van een sociaal-cognitieve vaardigheden-test af te nemen, kan men bij agressieve kinderen zien welke sociaal-cognitieve vaardigheden zij beheersen en welke nog niet.

Knikkeren

1 Dit meisje is aan het knikkeren.
2 De knikker rolt per ongeluk in de put.
3 Het meisje gaat op de stoeprand zitten.
4 Haar vriendje komt naar haar toe om te laten zien dat hij net nieuwe knikkers heeft gewonnen.
5 Huilend loopt het meisje weg.

Vraag 1: Identificeren
Hoe voelt het vriendje zich op plaatje 5?
Aanvullende vraag (AV): Hoe voelt het meisje zich op plaatje 1?

Vraag 2: Discrimineren
Op welke twee plaatjes voelen het meisje en het vriendje hetzelfde?
AV: Voelen het vriendje en het meisje zich hetzelfde op plaatje 4?

Vraag 3: Differentiëren
Het meisje denkt aan haar verdwenen knikker. Waaraan denkt het vriendje op plaatje 4?
Hulpvraag (HV): Zij heeft haar knikker verloren. En het vriendje? Vraag 3 herhalen.

Vraag 4: Vergelijken
Waar denkt het meisje op plaatje 1 aan en het vriendje op plaatje 4?
Waar denken zij allebei aan?
HV: Wat denkt het meisje op plaatje 1? Vraag 4 herhalen.

Vraag 5: Zich verplaatsen
Wat denkt het vriendje op plaatje 5?
HV: Kan het vriendje weten waarom het meisje huilt? Vraag 5 herhalen.

Vraag 6: Relateren
Waarom is het meisje niet blij voor haar vriendje dat hij nieuwe knikkers heeft?
HV: Wat is er met haar eigen knikker gebeurd? Vraag 6 herhalen.

Vraag 7: Coördineren
Het vriendje denkt op plaatje 4 dat het meisje blij voor hem zal zijn. Weet je waarom?
HV: Waarom is het vriendje blij? Vraag 7 herhalen.

Vraag 8: Verdisconteren
Wat kan het meisje doen zodat haar vriendje niet verrast is?
HV: Kan ze verwachten dat het vriendje begrijpt wat er gebeurd is als ze alleen maar huilt? Vraag 8 herhalen.

© T.G. van Manen, P.J.M. Prins & P.M.G. Emmelkamp. Plaatjes en tekst van het verhaaltje zijn bewerkt en met toestemming gebruikt uit: J.R.M. Gerris, Onderwijs en sociale ontwikkeling. Swets & Zeitlinger, 1981.

1.2.4 Probleem oplossen

Vele effectonderzoeken en meta-analyses geven aan dat Interpersonal Cognitive Problem Solving (ICPS) bij gedragsgestoorde kinderen het vermogen om problemen op te lossen vergroot, de aanpassing gemakkelijker doet verlopen, het zelfbeeld verbetert en een gunstige invloed heeft op het voorkomen van delinquentie en psychiatrische problemen (Kazdin, 1995).

ICPS wordt steeds meer toegepast als onderdeel van een behandelingsprogramma voor gedragsgestoorde kinderen (Feindler, 1991). De ICPS is gebaseerd op de aanname dat kinderen die geen rekening houden met de gevolgen van hun handelen en niet in staat zijn om alternatieve wegen te vinden naar hun doel, ontvankelijker zijn voor impulsiviteit, agressie, of het vermijden van problemen door zich terug te trekken. Interventie met ICPS-training kan impulsief of agressief handelen doen afnemen. Gebleken is dat gedragsgestoorde kinderen de eerste oplossing waaraan ze denken kiezen om uit te voeren. Ze schieten te kort in het ontwikkelen van alternatieve oplossingen. De hoofdgedachte achter ICPS is dat het op vroege leeftijd aanleren van probleemoplossingsvaardigheden disfunctioneel gedrag op latere leeftijd voorkomt. De grondleggers van de ICPS, Spivack en Shure, meenden hiermee een bijdrage te kunnen leveren aan de geestelijke gezondheid van kinderen.

Kazdin e.a. (1987) combineerden ICPS met cognitieve gedragstherapie (Kendall & Braswell, 1985). De resultaten waren positief: het antisociale gedrag nam af en het prosociale gedrag nam toe; follow-up na een jaar bevestigde de resultaten.

Handleidingen voor de training van ICPS zijn ontwikkeld voor verschillende leeftijdscategorieën (Shure, 1992). De training levert een belangrijke bijdrage aan:
- Leren denken in alternatieven. Het kind leert te denken in het genereren van verschillende mogelijke oplossingen voor een probleemsituatie.
- Leren denken in consequenties. Het kind leert de onmiddellijke consequenties van oplossingen en de consequenties op de lange termijn te overzien.
- Leren middel-doel-denken. Het kind leert een aantal middelen of acties te bedenken die tot een bepaald doel kunnen leiden, het herkennen van bepaalde mogelijke obstakels en het gebruiken van een realistisch scenario in tijd en plaats.

Het proces van probleemoplossen bestaat uit de volgende stappen:
- Wat is het probleem?
- Bedenken van verschillende oplossingen.
- Afwegen van de voor- en nadelen van een oplossing.
- Nemen van een besluit door rekening te houden met de gevolgen.
- Uitvoeren van de gekozen oplossing.
- Evalueren van de uitvoering.

Bij het uitvoeren van de gekozen oplossing en het evalueren van de uitvoering komt het proces van probleemoplossen en het leren van zelfcontrole samen. Zelfcontrole staat voor zelfobservatie, zelfbeoordeling en zelfbekrachtiging. Bij het uitvoeren van de gekozen oplossing observeert het kind zijn eigen gedrag en staat stil bij zijn gevoelens en gedachten. Het evalueren van de uitvoering van de gekozen oplossing komt overeen met zelfbeoordeling. Belangrijk hierbij is dat na het evalueren een zelfbekrachtiging volgt, die door de therapeut wordt aangemoedigd.

      Een belangrijk hoofdmotief voor de probleemoplossingstrainingen is dat het kind een manier van denken wordt geleerd waardoor het zelfstandig in staat wordt gesteld om verschillende oplossingen te vinden voor een sociale probleemsituatie. Deze gedachte past precies in de doelstellingen van het interventieprogramma Zelfcontrole. Het is niet de volwassene die zegt hoe het kan of moet, maar het kind dat leert te vertrouwen op zijn eigen ideeën en leert deze te beoordelen op bruikbaarheid. Kinderen met agressief en oppositioneel gedrag die gewend zijn om de eerste oplossing waaraan ze denken uit te voeren, zullen door het leren overwegen van meerdere oplossingen en het uitvoeren van een prosociale respons merken dat het agressieve gedrag zal afnemen.

1.3 Voorwaarden voor behandeling

Kazdin (1995, 1997) heeft criteria geformuleerd om veelbelovende behandelingen van gedragsgestoorde kinderen te kunnen selecteren uit de grote hoeveelheid interventies die er bestaat voor deze groep kinderen. Hij komt tot de volgende vier criteria:
1 Conceptualisering. De behandeling moet een theoretische onderbouwing hebben die aangeeft hoe de gedragsstoornis is ontstaan en hoe de behandeling de gedragsstoornis wil aanpakken.
2 Fundamenteel onderzoek om de conceptualisering te ondersteunen.
3 Bewijs uit wetenschappelijk onderzoek dat de behandeling effect heeft.
4 Verband tussen de processen die van tevoren verondersteld worden de veranderingen te veroorzaken en de werkelijke veranderingen na afloop van de behandeling.

Wat is er in de literatuur te vinden over effectonderzoek? In een overzichtsstudie van Nederlands onderzoek op het terrein van jeugdhulpverlening en psychotherapie aan jeugdigen dat liep van 1974 tot 1989, concludeerden Van Gageldonk en Bartels (1991) dat interventieonderzoek over jeugdhulpverlening slechts 5% van het onderzoek op dit terrein beslaat. En van die 5% is ruim de helft effectonderzoek (3%). Effectonderzoek is onontbeerlijk voor methodiekontwikkeling en voor feedback aan psychotherapeuten en andere hulpverleners.

Toch klinken er naast kritische ook veel optimistische geluiden (Kazdin, 1993; Prins, 1995a; Slot, 1995). Onderzoek neemt toe en uit meta-analyses van de effecten blijkt dat tussen de 70 en 80% van de behandelde kinderen beter functioneert dan de niet-behandelde kinderen. De kanttekening wordt hierbij geplaatst dat het overgrote deel van de onderzoeken plaatsvond in laboratoriumsituaties. Weisz en Weiss (1993) vonden bij een meta-analyse van onderzoeken verricht bij kinder- en adolescententherapie dat kinderen die in de klinische praktijk worden geholpen sterk verschillen van kinderen in laboratoriumsituaties. Succesvolle interventies in laboratoriumsituaties zijn niet zonder meer generaliseerbaar naar de klinische praktijk.

Kinder- en adolescententherapie kan effectiever zijn naarmate zij gestructureerder, specifieker en gedragsmatiger is (Prins, 1995a). Onderzoek dient zich meer toe te spitsen op de effectiviteit van specifieke methoden bij specifieke klachten en populaties. Prins (1995b) komt op grond van de onderzoeksliteratuur tot een aantal algemene uitspraken ten aanzien van sociale-vaardigheidstrainingen (specifieke methode) die gelden voor gedragsgestoorde kinderen:
– kinderen met externaliserende problemen kunnen profiteren van een sociale-vaardigheidstraining wanneer die een sterke zelfcontrolecomponent bevat;
– langere behandelingen zijn niet per se effectiever;
– multimodale programma's zijn voor jonge kinderen minder effectief dan monomodale;
– monomodale sociaal-cognitieve programma's zijn succesvol bij jongere kinderen;
– cognitieve programma's zijn effectiever naarmate gedragsprocedures er deel van uitmaken;
– de generalisatie van gewenst sociaal gedrag vanuit een rollenspeltest of een sociale-cognitietest naar de dagelijkse omgeving is zwak en vergt nadrukkelijk meer aandacht tijdens de sociale-vaardigheidstraining.

1.3.1 Effectieve behandelingen

Wanneer men rekening houdt met de gegevens van de bestudeerde literatuur over de voorwaarden van een effectieve behandeling, komt men tot de volgende conclusies. De behandeling moet een theoretische onderbouwing hebben en volgens de richtlijnen van wetenschappelijk onderzoek effect hebben. Een multimodale aanpak wordt aanbevolen, met de nadruk op een juiste afstemming tussen ouder en leerkracht. Bij jonge kinderen zijn monomodale sociaal-cognitieve programma's succesvol. En de behandeling moet gestructureerd, specifiek en gedragsmatig zijn. Woedebeheersingstrainingen, probleemoplossingstrainingen en gedragstherapeutische oudertrainingen voldoen aan de gestelde criteria. Bij sociale-vaardigheidstrainingen voor gedragsgestoorde kinderen dient zelfcontrole prominent aanwezig te zijn. Extra aandacht is nodig voor de generalisatie naar de dagelijkse omgeving van kind en ouders. De drie genoemde, veelbelovende behandelingen worden hier in het kort besproken.

Woedebeheersingsprogramma

Het woedebeheersingsprogramma (Lochman e.a., 1991) bestaat uit 18 zittingen van 45 tot 60 minuten en wordt op school gegeven door de leerlingbegeleider en een leerkracht. Het is een gestructureerde groepsbehandeling voor vier, vijf of zes kinderen. Het programma is geconcentreerd op het aanleren van vaardigheden in zelfregulatie, perspectief nemen en problemen in de sociale sfeer oplossen.

Het woedebeheersingsprogramma is gebaseerd op de principes van de cognitieve gedragstherapie in het algemeen en van het sociaal-cognitieve model voor gedragsgestoorde kinderen in het bijzonder.

Probleemoplossingstrainingen

De programma's vinden meestal op school plaats in groepjes van zes tot tien leerlingen en duren vier maanden; 20 minuten per dag. De eerste lessen besteden aandacht aan bepaalde basisbegrippen in de taal die van belang zijn voor probleemoplossen zoals: of, en, niet; sommige, hetzelfde, verschillend; als/dan. De volgende lessen richten zich op het zich bewust worden van de gevoelens van anderen. De kinderen leren verschillende manieren om te ontdekken hoe iemand zich voelt. De relatie tussen oorzaak en gevolg wordt de kinderen geleerd. Het laatste deel van het programma gaat over alternatieve oplossingen, alternatieve gevolgen en het koppelen van een oplossing aan het gevolg ervan. De kinderen bedenken een oplossing voor een probleem, overzien de gevolgen van deze oplossing en evalueren de oplossing door de voor- en nadelen van de eventuele gevolgen tegen elkaar af te wegen. Daarna wordt de kinderen gevraagd meerdere oplossingen voor hetzelfde probleem te bedenken en deze op dezelfde manier te evalueren. Ten slotte kiezen zij de best passende oplossing (Touchet e.a., 1993).

Gedragstherapeutische oudertraining

Het doel van gedragstherapeutische oudertraining (Parent Management Training, PMT) is het interactiepatroon tussen ouders en kind zodanig te veranderen dat prosociaal in plaats van 'coërcief' (dwingend) gedrag wordt bekrachtigd. De therapeut leert de ouders principes van sociaal leren, zoals positieve bekrachtiging, time-outprocedures, onderhandelen en contingentiemanagement.

Er zijn ook enkele beperkingen aan gedragstherapeutische oudertraining. Sommige ouders voeren de opdrachten van het programma niet uit (de energie is op) of zijn er niet toe in staat. Er wordt veel gevraagd van de ouders, bijvoorbeeld het bestuderen van de belangrijkste principes van sociaal leren, systematisch leren observeren, het invoeren van specifieke procedures en het volgen van de wekelijkse zittingen.

1.3.2 Meerwaarde van het interventieprogramma Zelfcontrole

In de afgelopen zeven jaar is ervaring opgedaan met 'Zelfcontrole' op zes Riagg's en een kinder- en jeugdpsychiatrisch centrum. Het interventieprogramma is in een aantal kleinschalige effectonderzoeken geëvalueerd (Van Manen e.a., 1999). Hieruit is gebleken dat gedragsgestoorde kinderen na afloop van de behandeling minder gedragsproblemen in sociale probleemsituaties vertonen, de sociaal-cognitieve vaardigheden verbeterd zijn, zij meer zelfcontrole hebben en minder impulsief gedrag laten zien. Ondanks de vastgestelde verbeteringen in het functioneren van de gedragsgestoorde kinderen zijn in het gecontroleerde effectonderzoek statistisch significante verschillen tussen de drie groepen (experimentele groep, alternatieve groep en controlegroep) op dit moment nog niet vast te stellen als gevolg van de nog te kleine steekproef.

Het sociaal-cognitieve interventieprogramma voor gedragsgestoorde kinderen laat op de korte termijn positieve resultaten zien bij een meerderheid van de behandelde kinderen: 75% van de behandelde kinderen is vooruitgegaan. Het voldoet aan de criteria die gesteld zijn voor een veelbelovende behandeling voor gedragsgestoorde kinderen: het is theoretisch onderbouwd en het is 'gestructureerd, specifiek, en gedragsmatig'. Ten aanzien van het criterium 'effectief gebleken' is terughoudendheid geboden, omdat de follow-updata nog maar een klein aantal proefpersonen betreffen.

Er zijn twee belangrijke verschillen tussen het hier onderzochte programma en andere interventieprogramma's zoals dat van Camp en Bash (1981), Kazdin e.a. (1987) en Lochman e.a. (1991). Ten eerste wordt de kinderen niet één aanpak geleerd in een specifieke sociale probleemsituatie, maar wordt hun een manier van sociale-informatieverwerking geleerd met als doel het zelfstandig oplossen van sociale problemen. Ten tweede wordt expliciet aandacht besteed aan het leren en het oefenen van sociaal-cognitieve vaardigheden om hiermee tekorten en vervormingen in de sociale-informatieverwerking te laten afnemen.

De belangrijkste overeenkomst tussen de genoemde interventieprogramma's en het programma Zelfcontrole is het aanleren van probleemoplossingsvaardigheden en het gebruik van cognitieve gedragstherapie.

1.3.3 'Chronische-ziekte'-model

In de internationale literatuur (Kazdin, 1995; 1997) wordt het agressieve en oppositionele gedrag van de gedragsgestoorde kinderen en adolescenten beschreven in termen van een chronische ziekte. Dit betekent dat men daarmee in de behandeling van gedragsgestoorde kinderen rekening dient te houden. Een eenmalige therapie zal onvoldoende zijn, omdat men weet dat de problemen zich van tijd tot tijd weer zullen manifesteren. Er is voor gekozen om te beginnen met een groepsbehandeling als basisbehandeling, om daarna geregeld in de tijd kortdurende individuele onderhoudsbehandelingen, van vijf zittingen te geven. Een groepsbehandeling heeft het voordeel dat de problemen met leeftijdgenoten ook samen met leeftijdgenoten kunnen worden aangepakt. Er kan direct worden geoefend. De probleemsituatie kan op reële wijze worden nagebootst, waardoor generalisatie naar de dagelijkse omgeving van het kind wordt bevorderd. De kinderen en adolescenten kunnen daarna een op hun eigen problematiek toegesneden individuele behandeling krijgen.

2 Methode

2.1 Sociaal-cognitief interventieprogramma

Voor elke stap van het model van Dodge zijn tekorten en vervormingen in de sociale-informatieverwerking geïnventariseerd en vertaald naar onderdelen van de behandeling van gedragsgestoorde kinderen (Van Manen e.a., 1999). Tabel 2.1 laat het resultaat hiervan zien.

stappen van het model van Dodge	tekorten en vervormingen van gedragsgestoorde kinderen	onderdelen van behandeling
1 decoderen	selectieve aandacht; focus op situationele informatie en sensationele tekens;	aandacht voor dispositionele informatie; welk situationeel teken veroorzaakt de agressie?
	te weinig, minder brede informatie;	aandacht voor non-verbale tekens; luisteren; identificeren, discrimineren
	beslissingen nemen op basis van laatste tekens	
2 interpreteren	affectief en sociaal perspectief nemen; toekennen van vijandige bedoelingen aan andere kinderen	differentiëren, vergelijken van gevoelens en bedoelingen van anderen en van jezelf; cognitieve zelfcontrole; zich verplaatsen in
3 respons zoeken	genereren van alternatieve oplossingen; eerder denken aan agressieve respons	responsen en effectieve probleemoplossingsstrategieën voor interpersoonlijke problemen; relateren
4 respons kiezen	overwegen weinig consequenties van eigen gedrag; kiezen agressieve respons	'wat is de beste keuze?'; afweging voor- en nadelen; probleemoplossings-vaardigheden; coördineren, verdisconteren

5 uitvoeren	beperkt sociaal gedrags-repertoire; zelfspraak	gedragszelfcontrole; cue-exposure en provocatie; invoegen in een groep;
6 evalueren	egocentrisch; zelfbeeld verandert niet; maken zich minder druk om negatieve gevolgen van hun gedrag	feedback therapeut, groepsgenoten en dvd; zelf-evaluatie; cognitief en affectief perspectief nemen

Tabel 2.1 Tekorten en vervormingen in de sociale-informatieverwerking volgens het model van Dodge.

Stap 1. Gedragsgestoorde kinderen falen vaak in het decoderen van alle relevante tekens uit de omgeving. Heel jonge kinderen hebben net als kinderen met agressief en oppositioneel gedrag de neiging zich te richten op externe omstandigheden (situationele informatie). Dit betekent dat gedragsgestoorde kinderen een ontwikkelingsachterstand hebben ten aanzien van vaardigheden, die nodig zijn voor de waarneming van sociale tekens.

Kinderen die door anderen als minder agressief en prosociaal worden gezien, gebruiken meer dispositionele informatie (Cutrona & Feshbach, 1979); zij maken ook gebruik van informatie over een karaktertrek van iemand, of over een doel dat iemand nastreeft, naast informatie over de feitelijke situatie en de uiterlijk waarneembare kenmerken in het gedrag van andere kinderen.

Gedragsgestoorde kinderen schenken eerder aandacht aan opvallende/sensationele tekens dan aan neutrale, minder opvallende of ambigue tekens (Pepler e.a., 1991). Zij baseren hun beslissingen op de laatste tekens waaraan ze zijn blootgesteld ('recency bias') en negeren eerdere tekens (Dodge & Tomlin, 1987).

Stap 2. Gedragsgestoorde kinderen zijn geneigd om vijandige bedoelingen toe te kennen aan kinderen met wie ze omgaan. Zij laten tekorten zien in affectief perspectief nemen (de emotie van een ander begrijpen) en in sociaal perspectief nemen (het denken van een ander begrijpen) (Dodge, 1993).

Stap 3. Gedragsgestoorde kinderen genereren minder effectieve oplossingen voor probleemsituaties. Zij denken eerder aan omkoperij, affectmanipulatie of een fysieke, agressieve respons. Als de eerste oplossing niet werkt, hebben ze veel moeite met het bedenken van een alternatieve respons (Rubin e.a., 1991).

Stap 4. Gedragsgestoorde kinderen zijn gericht op onaanvaardbare sociale doelen. Zij blijken minder de consequenties van hun gedrag te overwegen dan niet-agressieve kinderen (Slaby & Guerra, 1988). Ze zijn er vooral van overtuigd dat agressie zal leiden tot tastbare beloningen en geloven dat agressieve daden aversief gedrag van leeftijdgenoten zullen tegenhouden (Perry e.a., 1986).

Stap 5. Gedragsgestoorde kinderen schieten tekort in de uitvoering van veel sociaal gedrag.

Stap 6. In het evalueren van de reactie van de omgeving op hun gedrag zijn gedragsgestoorde kinderen egocentrisch. Zij maken zich minder druk om de negatieve gevolgen van hun gedrag, zoals het lijden van het slachtoffer of afwijzing door leeftijdgenoten.

Het sociaal-cognitieve interventieprogramma Zelfcontrole is een groepstherapie voor vier tot zes gedragsgestoorde kinderen in de leeftijd van 9 tot 13 jaar. Het programma bestaat uit elf wekelijkse zittingen van 90 minuten voor zes kinderen; 80 minuten voor vijf kinderen en 70 minuten voor vier kinderen. Het programma is geprotocolleerd en wordt door twee therapeuten geleid. Elke zitting heeft zijn eigen doelstellingen. Het programma volgt de stappen van Dodge en de bijbehorende oefeningen zoals hieronder omschreven.
De doelstellingen van het sociaal-cognitieve interventieprogramma zijn:
– verminderen van gedragsproblemen in sociale probleemsituaties;
– verbeteren van sociaal-cognitieve vaardigheden;
– vergroten van zelfcontrole;
– verminderen van impulsief gedrag.

Er is gekozen voor een groepstherapie, omdat de kinderen in een veilige omgeving kunnen oefenen met het nieuw geleerde in interactie met leeftijdgenoten. De therapeut kan gebruikmaken van het groepsproces, dat faciliterend kan werken bij het initiëren van veranderingen. Rollenspel en feedback van leeftijdgenoten zijn een pré voor groepstherapie ten opzichte van individuele therapie (Guevremont & Foster, 1993). Rollenspellen in een groep zorgen voor een unieke mogelijkheid om allerlei sociale problemen te leren oplossen, zoals het maken van vrienden, anderen leren helpen en steunen, leren assertief te worden, woede leren beheersen, leren coöperatief te zijn en leren vinden van compromissen (Kendall & Braswell, 1993). In een groep is tevens te merken hoe verschillend ieder kind zich verplaatst in een ander. Door dit expliciet te maken, leren de kinderen dat andere kinderen ook anders kunnen voelen, denken en doen.

In het sociaal-cognitieve interventieprogramma komen in de elf bijeenkomsten de volgende thema's aan bod: aandacht voor probleembesef; luisteren; op je beurt wachten; aandacht voor jezelf vragen en aandacht aan anderen leren geven op het juiste moment; leren delen; communicatieregels leren toepassen; observeren en interpreteren; gevoelens leren kennen; iemand iets vragen; iemand een compliment geven; leren je te concentreren in verband met zelfcontrole (zelfobservatie, zelfbeoordeling, zelfversterking); je kunnen verplaatsen in een ander; leren samenwerken; leren onderhandelen; je invoegen in een groep; cue-exposure (blootgesteld zijn aan bepaalde situaties); leren omgaan met provocatie; kritiek leren ontvangen en geven; sociaal-cognitieve vaardigheden.

De sociaal-cognitieve tekorten en vervormingen worden in verschillende onderdelen van de behandeling aangepakt (zie tabel 2.1, kolom 3). Daar gedragsgestoorde kinderen zich meer richten op situationele dan op dispositionele informatie, wordt tijdens de groepsbehandeling aandacht besteed aan het leren kennen van gevoelens en het bestuderen van situationele en lichamelijke signalen. De kinderen leren zichzelf de vraag te stellen 'welk situationeel of lichamelijk signaal veroorzaakt het gevoel', en deze te beantwoorden. De gedragsgestoorde kinderen wordt geleerd onderscheid te maken tussen pesten en plagen op een uitdagende, vrolijkmakende manier. Zij leren in de groepsbehandeling beter gevoelens, gedrag en problemen van anderen te interpreteren. Het stilstaan bij slechtbedoelde handelingen ontwikkelt zich bij normale kinderen eerder dan het evalueren van goedbedoelde handelingen (Karniol, 1978; Dodge e.a., 1984).

In aansluiting op het model van Dodge neemt in de behandeling het verbeteren van cognitieve vaardigheden in het oplossen van verschillende sociale probleemsituaties een belangrijke plaats in. De gedragsgestoorde kinderen leren daarom de volgende probleemoplossingsvaardigheden: probleem signaleren, probleem definiëren, bedenken van zo veel mogelijk verschillende oplossingen, vergelijken van de verschillende oplossingen aan de hand van de gevolgen en één oplossing kiezen, uitvoeren van de oplossing, evalueren van de uitvoering en hieraan consequenties verbinden voor een volgende keer. Bij het uitvoeren van de gekozen respons worden speciaal geoefend: tonen van gepast affect, goed oogcontact, zich invoegen in een groep en reageren op een provocatie van een ander kind. De kinderen worden extra blootgesteld aan situaties die bij hen vragen om controle van hun impulsen (zelfcontrole).

De acht sociaal-cognitieve vaardigheden identificeren, discrimineren, differentiëren, vergelijken, zich verplaatsen (perspectief nemen), relateren, coördineren en verdisconteren – zie kolom 3 van tabel 2.1 – zijn door Gerris (1981) getoetst in een onderwijsprogramma (met een positief resultaat) en worden in de hier besproken groepsbehandeling geoefend. De opeenvolging van sociaal-cognitieve vaardigheden in de ontwikkeling van een kind van rond 4 jaar tot rond 12 jaar sluit aan bij de stappen van de sociale-informatieverwerking van Dodge. Bij de sociaal-cognitieve vaardigheden identificeren, discrimineren, differentiëren en vergelijken wordt het kind uitgenodigd na te denken over de meer uiterlijk waarneembare kenmerken van mensen en waarneembaar gedrag. Kennis hebben van en het kunnen afleiden van innerlijke, niet-waarneembare processen bij jezelf en de ander, zoals gedachten, gevoelens en intenties van de ander, horen bij de sociaal-cognitieve vaardigheden zich verplaatsen en relateren (zie dispositionele informatie, Cutrona & Feshbach, 1979). Bij coördineren en verdisconteren wordt verwacht dat het kind de situatie kan overzien, zowel vanuit het perspectief van het ene kind als dat van het andere kind, dat het kan bepalen wat de relatie tussen twee kinderen is, dat het kan bepalen wanneer het gedrag verandert en hoe de perspectieven van de kinderen zullen veranderen. Voor een uitgebreide bespreking van deze sociaal-cognitieve vaardigheden zie Gerris e.a. (1980).

Het proces van sociale-informatieverwerking wordt in zes stappen verdeeld. In alle zes stappen kan er iets verkeerd gaan en bij elk kind kan dat bij weer een andere stap zijn of bij een combinatie van stappen. Dit maakt het moeilijk om erachter te komen waar precies bij een kind iets misgaat in de verwerking van de sociale informatie. Het kan zijn dat het kind de sociale signalen niet goed waarneemt (stap 1), verkeerd interpreteert (stap 2), bij het bepalen welk antwoord het zal geven in die specifieke sociale situatie niet goed zoekt naar de verschillende mogelijkheden (stap 3), of een verkeerde keuze maakt (stap 4). Vervolgens kan het kind wel weten hoe het moet reageren, maar kan het bij de uitvoering in gebreke blijven (stap 5). Iedereen hoopt van zijn fouten te leren om het een volgende keer beter te doen. Wanneer je niet goed kunt evalueren, koppel je informatie niet goed terug voor een volgende keer en zal het een volgende keer niet beter gaan (stap 6).

2.2 De therapeut

Van de therapeut wordt verwacht dat hij 'model' staat. *Modeling* is een integrale component van het interventieprogramma. Een verbaliserend copingmodel verdient de voorkeur (Kendall e.a., 1991). Het model laat geen perfect gedrag zien, maar maakt vergissingen en geeft daarin aan hoe je tot de beste oplossingen kunt komen. De therapeut kan dan onder andere gebruikmaken van zelfonthulling (*self-disclosure*) als therapeutische techniek. Hij expliciteert de stappen van Dodge in de praktijk. De therapeut staat tevens model voor de vaardigheid probleemoplossen. Hij heeft niet altijd een antwoord paraat, maar wacht. Hij loopt langs elke situatie en zoekt alternatieve mogelijkheden, evalueert elke mogelijkheid en onderzoekt de gevolgen van de verschillende alternatieven. Op deze manier is de therapeut een model, dat snelle en ondoordachte, vaak agressieve acties inhibeert (remt).

De kinderen worden veelvuldig aangemoedigd en bekrachtigd bij positief gedrag. De therapeut waakt er wel voor dat hij de kinderen op verschillende wijzen bekrachtigt, omdat er anders verzadiging optreedt. De therapeut moet erop letten dat hij de kinderen niet straft, plaagt of uitdaagt. Dat maken de kinderen immers maar al te vaak mee in de dagelijkse omgang met volwassenen en leeftijdgenootjes. Alleen als een kind zeer storend gedrag vertoont, kan ervoor gekozen worden om het even (een à twee minuten) apart te zetten op een stoel in de therapiekamer (time-out). In het algemeen wordt tijdens de zittingen de vaart erin gehouden. Bij een goed gestructureerd programma bestaat er minder risico op verveling of storend gedrag.

De kwaliteit van de relatie tussen therapeut en kind speelt een belangrijke rol in de effectiviteit van het programma (Van Lieshout & Haselager, 1995). De therapeuten zullen moeten streven naar convergentie van doelen met de kinderen, het stellen van grenzen en tegelijkertijd het bieden van autonomie aan de kinderen, en ten slotte een vriendelijke, warme verstandhouding met de agressieve kinderen, die gebaseerd is op wederzijds vertrouwen.

2.3 Ouders en school

De ouders en de leerkracht krijgen elk in één bijeenkomst informatie en uitleg over de achterliggende theorie, het doel en het verloop van de behandeling. Hierdoor zorgt de therapeut voor heretikettering; hij geeft een andere betekenis aan het denken en het gedrag van het kind.

De ouders tekenen voor de start van de behandeling een behandelingscontract. Zij verklaren dat zij agressief gedrag thuis niet zullen belonen en geen positieve consequenties zullen laten volgen op agressief gedrag. Het kind leert in de groepstherapie nieuwe vaardigheden en daar zal thuis ruimte voor moeten zijn om mee te experimenteren.

Met de ouders en de leerkracht is er contact in de intakefase, de diagnostische fase en de evaluatiefase. Ook is er tijdens de behandeling contact via de weekverslagen. Zie figuur 2.1 voor een voorbeeld.

Hoe is het de afgelopen week gegaan?
Wilt u zo vriendelijk zijn uw kind/uw leerling te beoordelen met betrekking tot onderstaande beschrijvingen door het getal dat van toepassing is te omcirkelen?

1 Vecht met anderen	1	2	3	4	5
2 Wordt om het minste of geringste boos	1	2	3	4	5
3 Geeft anderen de schuld van eigen fouten	1	2	3	4	5
4 Overtreedt regels	1	2	3	4	5
5 Steelt geld	1	2	3	4	5

1 = nooit 2 = zeldzaam 3 = soms 4 = vaak 5 = altijd

Figuur 2.1 Voorbeeld van een weekverslag.

Doordat het kind in behandeling wordt genomen, weten en voelen de ouders en de leerkracht zich geaccepteerd in de gedachte dat het kind door deskundigen ook gezien wordt als een probleemkind. De ouders (en de leerkracht) zijn blij dat hun kind een behandeling krijgt. De wetenschap dat ze bij calamiteiten een vervolgbehandeling kunnen krijgen, geeft hun rust en vertrouwen, omdat ze er dan niet meer alleen voor staan. Weekverslagen zijn een belangrijk onderdeel van de behandeling. Door middel van weekverslagen heeft de therapeut wekelijks contact met de ouders en de leerkracht naast de wekelijkse behandeling van het kind. Hierdoor kan hij tevens zorgen voor een juiste afstemming tussen ouders en leerkracht. Voordat de behandeling begint, hebben de ouders vijf probleemgedragingen gekozen uit een veelvoud dat door de therapeut aan de hand van de intake is opgesteld. Aan het kind worden deze vijf probleemgedragingen voorgelegd en het kind moet zichzelf daarin herkennen. Zo niet, dan wordt een andere probleemgedraging gekozen door ouders en kind. Het kind krijgt deze probleemgedragingen voor aanvang van elke zitting aangeboden en het geeft een score over de afgelopen week. Met de ouders en de leerkracht zijn een vaste dag en tijdstip in de week afgesproken waarop de therapeut belt. De ouders en de leerkracht geven dan de scores door van het weekverslag. Dit gebeurt elke week gedurende de groepstherapie. Na afloop van de behandeling worden het kind, de ouders en de leerkracht uitgebreid geïnformeerd over de resultaten.

Het sociaal-cognitieve interventieprogramma kan ook gezien worden als onderdeel van een geïntegreerd behandelaanbod voor kind, ouders en leerkracht (school) om het agressieve en oppositionele gedrag bij kinderen en adolescenten terug te dringen. Het is dan aan te bevelen om de ouders de cursus *Opstandige kinderen – een compleet oudertrainingsprogramma* (Barkley, 1998) aan te bieden. De cursus bestaat uit acht bijeenkomsten en een terugkombijeenkomst, waarin ouders elementaire begrippen worden aangeleerd om kinderen met gedragsproblemen te kunnen coachen en opvoeden. Er kan aan gedacht worden om het sociaal-cognitieve interventieprogramma op school te geven, wat de betrokkenheid van de leerkracht kan bevorderen.

2.4 Probleembesef

Een basisschoolkind zal zichzelf niet aanmelden bij een instelling voor geestelijke gezondheid om geholpen te worden bij het niet onder controle hebben van zijn agressie. Het zijn de ouders of de leerkracht die aan de bel trekken. Daarom wordt in de behandeling van kinderen met agressief of oppositioneel gedrag expliciet aandacht geschonken aan het krijgen van voldoende probleembesef. Hier draagt het invullen van het weekverslag vóór de aanvang van elke therapiezitting toe bij en ook het uitvoeren van zelfevaluerende oefeningen. In de literatuur (Kendall e.a., 1991; Guevremont & Foster, 1993) wordt aangegeven dat een beter probleembesef leidt tot een betere generalisatie naar de dagelijkse omgeving van de kinderen. Gedragsgestoorde kinderen respecteren in hoge mate hun eigen rechten, maar in zeer geringe mate de rechten van anderen.

De tendens om zich tegenover zichzelf beter voor te doen dan ze in werkelijkheid zijn, is bij gedragsgestoorde kinderen sterk aanwezig. Wij overtuigen onszelf ervan dat het belangrijker is om goed te zijn in sport dan in leren, als we niet zo goed zijn in leren. En andersom als we niet zo goed zijn in sport. Deze zelfcognities spelen een rol bij het invullen van de weekverslagen door de gedragsgestoorde kinderen. Er was een jongen die bij elk item van zijn weekverslag steevast een 1 (= nooit) invulde bij 'Ergert met opzet andere kinderen'. Door het verkrijgen van meer probleembesef gaat deze jongen hogere cijfers invullen, waardoor het beeld ontstaat van een jongen die door de training andere kinderen meer is gaan ergeren. Met andere woorden: de kwantitatieve gegevens kunnen in dit geval niet eenduidig worden geïnterpreteerd. Gelukkig kunnen de resultaten vergeleken worden met die van de ouders en de leerkracht en kan er een vergelijking worden getrokken tussen zelf- en andercognities. Bij de beoordeling van agressie is de overeenstemming tussen bronnen buiten het zelf groter dan de overeenstemming tussen het zelf en andere bronnen. Deze overeenstemming wordt groter wanneer de items concreter en specifieker zijn (Cairns & Cairns, 1991).

Niet alleen het probleembesef bij de kinderen speelt een belangrijke rol in de behandeling, ook het probleembesef bij de ouders en de leerkracht is van belang. Regelmatig komt het voor dat ouders klachten hebben over de benadering van hun kind door de school en uiten leerkrachten hun twijfels over de opvoedingsstijl van de ouders. Soms is er ook sprake van uitingen van ontevredenheid over de hulpverleningsinstantie die ouders of leerkracht bijstaat. De therapeut heeft hierin een mediërende rol. Door het geven van duidelijke informatie aan ouders en leerkracht, klachtgericht en doelgericht werken en het aanbieden van een uitgebalanceerd behandelingsaanbod, kan de therapeut ervoor zorgen dat ouders, leerkracht en therapeut dezelfde gedragslijn volgen ten aanzien van het agressieve kind. Het wekelijkse contact dat de therapeut heeft met ouders en leerkracht door het noteren van de puntenwaardering voor de vijf probleemgedragingen van het weekverslag draagt hier aanzienlijk toe bij. De therapeut zorgt ervoor dat ouders en leerkracht wekelijks goed op de hoogte zijn, begrip krijgen voor het gedrag van het agressieve kind en emotionele ondersteuning ontvangen. Een eenduidige aanpak zal de behandeling gunstig beïnvloeden.

2.5 Indicatie- en contra-indicatiecriteria voor deelname van kinderen

Kinderen in de leeftijd van 9 tot 13 jaar die voldoen aan de criteria van de DSM-IV voor gedragsstoornis, oppositioneel-opstandige gedragsstoornis of gedragsstoornis niet anderszins omschreven komen in aanmerking voor het volgen van het sociaal-cognitieve interventieprogramma.

Een voorwaarde voor deelname aan de groep is een score in het klinische gebied op de probleemschalen agressief en/of delinquent gedrag op de Child Behavior Checklist (CBCL) en/of Teacher's Report Form (TRF). Belangrijk hierbij is dat de probleemschaal aandachtsproblemen niet dominant is (de score het hoogst is) over de probleemschalen agressief en delinquent gedrag. Kinderen met ADHD (aandachtstekortstoornis met hyperactiviteit) zijn te onrustig om het sociaal-cognitieve interventieprogramma met gedragsgestoorde kinderen te kunnen volgen. Bovendien beïnvloeden zij te veel de stemming in de groep, waardoor zij vooral de reactief agressieve kinderen 'meenemen' in impulsief reageren op hun drukke gedrag.

In proefgroepen is gebleken dat kinderen met een pervasieve ontwikkelingsstoornis (PDD, *pervasive developmental disorder*) zich onveilig voelden en zich angstig gedroegen in een groep met agressieve kinderen. Vandaar dat bij de selectie voor de groepsbehandeling PDD een contra-indicatie is.

Bij de gedragsgestoorde kinderen wordt een intelligentietest (Wechsler's Intelligence Scale-Revised, Nederlandse editie: de WISC-RN) afgenomen, omdat een IQ lager dan 85 als contra-indicatie geldt. Andere contra-indicaties zijn:
– jonger dan 9 jaar en ouder dan 12 jaar;
– een leerstoornis (de groepsbehandeling is sterk gericht op cognities);
– in het verleden groepstherapie gehad waarin dezelfde kenmerken zijn behandeld als in het sociaal-cognitieve interventieprogramma (een herhaling geeft te grote motivatieproblemen);
– een ADHD of een PDD, beide dominant ten opzichte van de gedragsstoornis.

Ten aanzien van de leeftijd kan nog opgemerkt worden dat het sociaal-cognitieve interventieprogramma ook geschikt is voor 13-jarigen. Dit is echter afhankelijk van de samenstelling van de groep. Met 11-, 12- en 13-jarigen is een groep goed mogelijk. Zijn de kinderen jonger dan 11 jaar, dan is het in de meeste gevallen aan te raden een 13-jarige niet te laten meedoen.

D.1 Theoretisch referentiekader en praktische uitleg

3 Preventieve interventie

3.1 Inleiding

De inzichten van de behandelaars van gedragsgestoorde kinderen lijken mee te groeien met de resultaten van de behandelingen en het tijdsbeeld van de maatschappij. Preventieprogramma's zijn op kleine schaal begonnen volgens één methode bij een beperkte leeftijdsgroep. In de Verenigde Staten zijn grootschalige preventieprogramma's gestart die ingrijpen op de kind-, gezins- en omgevingsfactoren, die verschillende interventiemethoden toepassen en die een hele schoolperiode duren. Het gaat om kinderen die tot risicogroepen behoren. Zij worden geselecteerd in de kleuterschoolperiode op het antisociale gedrag dat zij thuis en op school laten zien. Een aantal onderzoekers op het gebied van onderzoek en behandeling van gedragsgestoorde kinderen heeft zich verenigd in de Conduct Problems Prevention Research Group (CPPRG) (1992). Deze groep werkt volgens het FAST (Families and Schools Together) TRACK-programma, dat vijf interventieprogramma's integreert, namelijk oudertraining, huisbezoeken, sociale-vaardigheidstraining, schoolstimuleringsprogramma en leerkrachtondersteunende klassenprogramma's.

Ook het Oregon Social Learning Center (Reid & Patterson, 1989; Reid, 1993) is begonnen met een veelzijdig preventieprogramma voor gedragsgestoorde kinderen. Interventies worden thuis en op school uitgevoerd bij ouders, leraren, kinderen en hun leeftijdgenoten. Ouders en leerkrachten worden aangemoedigd veel met elkaar te overleggen en elkaar te informeren.

Kellam e.a. (1994) evalueerden het effect van een preventieprogramma bij duizend eersteklassers, zes jaar later. De resultaten gaven een vermindering van agressief gedrag aan. Volgens Offord en Bennett (1994) dient 'preventie' opgevat te worden als een voortdurend proces dat vroeg in de jeugd moet beginnen en moet doorgaan tijdens de adolescentie. Interventies gedurende een beperkte tijd op een bepaald moment zullen het ongewenste, antisociale gedrag niet permanent wegnemen. Omdat agressief/antisociaal gedrag doorloopt tot in de volwassenheid, is het sociaal-cognitieve interventieprogramma Zelfcontrole te beschouwen als een preventieve interventie.

3.2 Beschermende factoren

Er valt veel te leren van kinderen die kunnen omgaan met stresssituaties en van hun leefomstandigheden die zorgen voor een succesvolle ontwikkeling. Beschermende factoren bieden bescherming tegen stress en negatieve invloeden. Zij zorgen ervoor dat de kans op een stoornis sterk verkleind wordt. Kwetsbaarheid wijst op een verhoogde kans op een stoornis. Beschermende factoren kunnen gevonden worden bij het kind zelf, in het gezin, de school, de buurt en de samenleving (Groenendaal e.a., 1987).

3.2.1 Het kind

Aanpassingsvermogen, veerkracht, een positief zelfbeeld, sociaal gedrag en vaardig zijn op een specifiek gebied zijn kenmerken die bescherming kunnen bieden tegen stress. Zo ook: een gemakkelijk humeur, actief zijn in het zoeken en hebben van hobby's, klusjes, sport, neiging tot autonomie, interesse in de wereld om je heen en natuurlijk een goede intelligentie en vaardigheden voor het oplossen van problemen. Kinderen met dit soort kenmerken functioneren beter in stressvolle situaties dan kinderen die bovengenoemde eigenschappen niet hebben. Er zijn kinderen die hele gezinnen door erbarmelijke omstandigheden leiden. Het helpen geeft hun zo'n positief zelfgevoel en vertrouwen in eigen kunnen, dat dit ervoor zorgt dat zij de slechte omstandigheden als minder stressvol ervaren. Het verzorgen van dieren kan kinderen soms ook een gevoel van onmisbaarheid geven, wat kan helpen bij het hanteren van stress.

3.2.2 Het gezin

Ouders op wie je als kind altijd kunt terugvallen en die je steunen en op een positieve manier sturen; een veilig gezinsklimaat waarin je als kind de ruimte krijgt om te experimenteren met je gevoelens, gedachten en gedrag – dat zijn beschermende factoren van de eerste orde. Het gezin is een experimenteertuin voor later. Daar kun je zijn zoals je bent zonder dat het verregaande consequenties heeft. Je krijgt reacties van je vader, moeder, broer of zus op je gedrag, waarvan je kunt leren en profiteren in je gedrag ten opzichte van andere kinderen en volwassenen. Wat gebeurt er als ik soepel of aardig doe? Wat gebeurt er als ik opkom voor mijn eigen plekje? Hoe reageren de anderen? Doe ik het op de juiste manier? Vragen waarop een kind in een gezin een antwoord krijgt en waardoor het vooral ook leert dat iemand anders het ook anders kan zien dan hijzelf: het gezin als maatschappij in een notendop.

Ook oma of opa, een oom of tante, een buurvrouw of buurman, de moeder of vader van een vriendje of vriendinnetje kan in een kinderleven een grote rol spelen en voor het kind als vertrouwenspersoon en daarmee als beschermende factor fungeren.

3.2.3 De school

Een goede school met een veilig klimaat draagt ertoe bij dat kwetsbare kinderen zich positief kunnen ontwikkelen. Een aangename werksfeer, het geven van vertrouwen en verantwoordelijkheid aan de leerlingen, een goede begeleiding van de groepen, een leerkracht met goed voorbeeldgedrag, die duidelijke feedback geeft met bevestiging en prijzen, zorgen voor een juiste sociale ondersteuning. Het sociale klimaat en de stijl van de school kunnen het gevoel van eigenwaarde en de ontwikkeling van competentie bevorderen. Aan de andere kant: een school die zich te beschermend opstelt en kinderen weinig blootstelt aan competitie en leerstofeisen, roept eerder gevaren en risico's voor de verdere ontwikkeling van kinderen op dan een school die kinderen een gezonde uitdaging biedt. Dat geldt trouwens in het algemeen voor een te beschermende opvoeding. Kinderen afschermen van kleine risico's maakt ze niet sterker. Eisen stellen en steun bieden bevorderen de ontwikkeling thuis en op school. Het toekennen van beloningen, liever dan het uitdelen van straffen, helderheid over de regels en de manier waarop ze moeten worden uitgevoerd, eendracht onder de leerlingen in de klas en binnen de school en het gebruik van goed omschreven, gestructureerde didactische methoden zorgen ervoor dat kinderen zich kunnen ontwikkelen met minder stress en dat er minder stoornissen optreden.

3.2.4 De samenleving

Voor de buurt en de maatschappij geldt hetzelfde als voor het gezin en de school. Ook de samenleving als geheel moet een veilig klimaat en sociale ondersteuning bieden. Als er armoede, werkloosheid of discriminatie heersen, biedt de samenleving weinig bescherming. Kwetsbare kinderen worden daarvan altijd als eersten de dupe.

D.1 Theoretisch referentiekader en praktische uitleg

4 Diagnostiek en indicatiestelling

4.1 Volgorde van handelingen voor aanvang van de behandeling

In eerste instantie worden de ouders en het kind geïnterviewd aan de hand van een klachtenanamnese, ontwikkelingsanamnese en een anamnese van de ouders en het gezin, om te zien in hoeverre er sprake is van agressieproblematiek. Bij de anamneses dient men speciaal te letten op aspecten die in verband staan met een gedragsstoornis en oppositioneel-opstandige gedragsstoornis:
– gebrekkig toezicht en controle;
– gebrekkige affectieve band tussen ouders en kind; hechtingsproblematiek;
– sociaaleconomische omstandigheden van het gezin;
– continuïteit van de problematiek over de generaties;
– biologische kenmerken: lichamelijke opwinding/'arousal', 'opgefokt raken', aandacht kunnen vasthouden;
– temperamentkenmerken: mate van beweeglijkheid en mate van frustratietolerantie;
– sociaal inzicht: het interpreteren van sociale tekens; zich kunnen verplaatsen in een ander.

Het meest betrouwbare en valide beeld van een gedragsgestoord kind krijgt men door informatie van verschillende bronnen (leerkracht, ouders en kind) te integreren. Uitgebreide informatie over de diagnostiek van kinderen met een gedragsstoornis of een oppositioneel-opstandige gedragsstoornis staat in paragraaf 4.3 (Van Manen & Prins, 1998).

Aan de ouders wordt gevraagd om de Child Behavior Checklist (CBCL 4-18; Verhulst e.a., 1996) in te vullen en aan de leerkracht om dit te doen met het Teacher's Report Form (TRF). Valt de score in het klinische gebied van de schalen 'agressief gedrag' en 'delinquent gedrag' van de CBCL en/of TRF en zijn deze scores dominant over de scores op de andere schalen, dan is er een sterke aanwijzing voor een gedragsstoornis.

De ouders worden uitgenodigd voor een gestructureerd interview, opgesteld aan de hand van DSM-IV-criteria voor een gedragsstoornis en een oppositioneel-opstandige gedragsstoornis (zie paragraaf 4.2), bijvoorbeeld:
– Geeft uw zoon/dochter anderen de schuld van zijn/haar eigen fouten?
– Hoe vaak per week?
– Hoe lang speelt dit probleem al?
– Vanaf wanneer?
– Wilt u een omschrijving geven van een specifiek moment?

Blijkt uit het gestructureerde interview met de ouders dat er sprake is van agressieproblematiek zoals omschreven in de DSM-IV, dan wordt het kind uitgenodigd voor een semigestructureerd interview (SCICA, Semistructured Clinical Interview for Children and Adolescents; McConaughy & Achenbach, 1994; Kasius, 1997) om te zien of het kind in vergelijking met de scores op de andere probleemschalen het hoogst scoort op de schalen agressief en/of delinquent gedrag.

Zijn er geen IQ-gegevens bekend, of zijn de gegevens ouder dan twee jaar, dan wordt besloten de WISC-RN af te nemen. Een geringe intelligentie (IQ lager dan 85) kan ook het agressieve, opstandige gedrag verklaren.

Aan de hand van de indicaties en contra-indicaties (zie paragraaf 2.4) wordt besloten of het kind wel of niet meedoet aan de groepsbehandeling.

Voor elk kind wordt door de behandelaar een 'weekverslag' opgesteld met vijf probleemgedragingen (ook wel genoemd leerdoelen) die kenmerkend zijn voor het betrokken kind. Deze worden geëvalueerd door de ouders, de leerkracht en het kind (zie hierna en paragraaf 2.3).

Een adviesgesprek met ouders en kind wordt gevoerd door de twee behandelaars. Hierin wordt het volgende besproken:

> 'Uw zoon/dochter is geselecteerd uit de aangemelde kinderen om te mogen meedoen aan de groepsbehandeling. Wij hebben vijf specifieke leerdoelen opgesteld voor uw zoon/dochter. Dit zijn vijf gedragingen waaraan we met elkaar gaan werken. Deze leerdoelen willen wij met u doornemen, zodat we ze zo nodig kunnen aanpassen of veranderen. Elke week zal een van ons u (de meest betrokken ouder) op een vast tijdstip bellen (afspreken). U geeft dan een score aan de doelen op een 5-puntsschaal van 1 = nooit tot 5 = altijd op bijvoorbeeld 'Om het minste of geringste boos worden' of 'Anderen de schuld geven van eigen fouten'. Uw zoon/dochter scoort ook wekelijks voorafgaand aan de zitting van de groepsbehandeling de vijf leerdoelen en de leerkracht wordt net als u elke week gebeld. Uw zoon/dochter zal gaan experimenteren met ander gedrag vanwege de behandeling. Hij/zij zal daardoor niet altijd zo reageren als u gewend bent. Daarvoor vragen wij uw begrip en we verwachten dat uw zoon/dochter van u de ruimte krijgt om hiermee te experimenteren.'

Een week voor en een week na de behandeling worden bij het kind, de ouders en de leerkracht metingen gedaan om te zien of het interventieprogramma effect heeft. Bij het kind worden een vragenlijst (MESSY, Matson Evaluation of Social Skills with Youngsters; Matson e.a., 1983; Blonk e.a., 1993), een impulsiviteitstest (MFFT, Matching Familiair Figures Test; Kagan e.a., 1964) en een instrument om sociaal-cognitieve vaardigheden mee te meten (SCVT, Sociaal-cognitieve Vaardigheden Test) afgenomen. Voor het meten van de sociaal-cognitieve vaardigheden is een betrouwbaar en valide meetinstrument nog niet voorhanden. In samenwerking met de Universiteit van Amsterdam wordt aan het opvullen van deze lacune gewerkt. Er is een experimentele versie van de SCVT beschikbaar. Cognitieve zelfcontrole en gedragszelfcontrole zijn essentiële onderdelen in het repertoire van gedragsgestoorde kinderen. Vandaar dat de ouders gevraagd wordt de Self Control Rating Scale (SCRS; Kendall & Wilcox, 1979; Van de Winkel, 1986) in te vullen. De SCRS geeft de mate van zelfcontrole en de mate van impulsiviteit aan. De leerkracht beoordeelt het gedrag op de volgende vragenlijsten: Taxonomie voor sociale probleemsituaties (TOPS, Taxonomy of Problematic Social Situations; Dodge e.a., 1985; Cuperus, 1997), de Leerkrachtbeoordelingsvragenlijst voor reactieve en proactieve agressie (TRA, Teacher Rating Scale for Reactive and Proactive Aggression; Dodge & Coie, 1987; Brown e.a. 1996) en de SCRS.

In het gesprek met het kind worden de vijf leerdoelen besproken; die worden zo nodig bijgesteld wanneer het kind dat voorstelt. Er wordt aangekondigd dat elk kind in de eerste zitting van de groepsbehandeling zal vertellen waarom hij/zij naar de groepsbehandeling komt. Samen met het kind wordt dit alvast gerepeteerd.

Met de leerkracht wordt de procedure rond het bellen over de vijf leerdoelen doorgenomen. De leerkracht wordt volledig geïnformeerd over de behandeling en gevraagd om de vragenlijsten in te vullen. Eerst vindt er schriftelijk en later telefonisch contact plaats met de leerkracht.

4.2 Selectie

De selectie van de gedragsgestoorde kinderen vindt plaats met de DSM-IV en een SCICA. De SCICA is een instrument dat soepel aansluit bij de klinische praktijk. Het Nederlandse SCICA kan worden gebruikt als een betrouwbaar (interne consistentie, test-hertest- en tussenbeoorbelaarsbetrouwbaarheid) en valide semigestructureerd interview voor de beoordeling van psychopathologie (Kasius, 1997). De gevonden gegevens worden op dezelfde manier verwerkt als die van de CBCL en TRF. Er is onder andere een probleemschaal met agressief gedrag.

4.2.1 Gestructureerd interview op basis van de DSM-IV

Introductie voor de ouders:

> 'In onze instelling hebben wij een groepsbehandeling ontwikkeld voor kinderen van 9 tot en met 12 jaar. Aan de groepsbehandeling doen vier kinderen mee die problemen hebben in de omgang met andere kinderen, vooral wat betreft agressiviteit. Om te kunnen bepalen of deze groepsbehandeling geschikt is voor uw zoon/dochter, willen wij een duidelijk beeld van hem/haar krijgen.
> Daarvoor zal ik u een aantal vragen stellen over de huidige problematiek en (indien nog niet bekend) het ontwikkelingsverloop van uw kind.
> Van dit gesprek en van het gesprek met uw zoon/dochter wordt een verslag gemaakt. Aan de hand van deze verslagen wordt in het team bepaald of uw zoon/dochter kan deelnemen aan de groepsbehandeling.
> Hebt u nog vragen?'

Klachtenanamnese:
1 Kunt u vertellen waarvoor u hulp zoekt? Wat zijn de problemen?
1 Vraag, als de ouder(s) dit niet uit zichzelf vertel(t)(len), wat de directe aanleiding tot aanmelding was en wie het initiatief tot aanmelding heeft genomen.
2 In welke situaties/op wat voor momenten doet het probleemgedrag van uw zoon/dochter zich voor (school, thuis, club, bij anderen thuis, op straat)?
3 Vraag door over wat er aan deze situatie(s) voorafgaat en wat de gevolgen c.q. consequenties van het probleemgedrag zijn.
4 Waardoor denkt u dat het probleemgedrag is ontstaan? Sinds een bepaald moment?
5 Wat hebt u tot op heden gedaan om het probleemgedrag van uw zoon/dochter in te perken/op te heffen?
6 Heeft uw zoon/dochter eerder contact(en) met een hulpverlener gehad? Zo ja, bij welke instantie? Welke diagnose werd gesteld? Wat voor behandeling heeft plaatsgevonden (eventueel gegevens opvragen)?

Specifieke intakevragen met betrekking tot het stellen van een DSM-IV-diagnose:
(Let op: als de vraag van toepassing is op het kind, vraag de ouder(s) dan er iets meer over te vertellen en vraag hoe lang het probleem speelt ('speelt het al zes maanden?').)

Oppositioneel-opstandige gedragsstoornis

1. Is uw zoon/dochter driftig?

Hoe vaak (per week)?

Hoe lang speelt dit probleem?

Vanaf wanneer?

Wilt u een omschrijving geven van een specifiek moment?

2. Maakt uw zoon/dochter ruzie met volwassenen?

Hoe vaak (per week)?

Hoe lang speelt dit probleem?

Vanaf wanneer?

Wilt u een omschrijving geven van een specifiek moment?

3. Is uw zoon/dochter opstandig?

a. Als u bijvoorbeeld iets vraagt aan uw zoon/dochter, doet hij/zij het dan ook?

Zo ja, is dit ook het geval bij andere volwassenen?

Hoe vaak (per week)?

Hoe lang speelt dit probleem?

Vanaf wanneer?

Wilt u een omschrijving geven van een specifiek moment?

4. Ergert uw zoon/dochter met opzet andere kinderen of volwassenen?

Hoe vaak (per week)?

Hoe lang speelt dit probleem?

Vanaf wanneer?

Wilt u een omschrijving geven van een specifiek moment?

5. Geeft uw zoon/dochter anderen de schuld van zijn/haar eigen fouten (reactief)?

Hoe vaak (per week)?

Hoe lang speelt dit probleem?

Vanaf wanneer?

Wilt u een omschrijving geven van een specifiek moment?

6. Is uw zoon/dochter prikkelbaar?

a. Ergert hij/zij zich gemakkelijk aan anderen?

Hoe vaak (per week)?

Hoe lang speelt dit probleem?

Vanaf wanneer?

Wilt u een omschrijving geven van een specifiek moment.

7. Is uw zoon/dochter boos?

a. Wordt uw zoon/dochter boos als hij/zij zijn/haar zin niet krijgt (reactief)?

b. Wordt uw zoon/dochter boos als hij/zij gecorrigeerd wordt (reactief)?

Hoe vaak (per week)?

Hoe lang speelt dit probleem?

Vanaf wanneer?

Wilt u een omschrijving geven van een specifiek moment?

8. Is uw zoon/dochter hatelijk van aard?

a. Wil hij/zij wraak nemen als hem/haar iets is aangedaan?

Hoe vaak (per week)?

Hoe lang speelt dit probleem?

Vanaf wanneer?

Wilt u een omschrijving geven van een specifiek moment?

Gedragsstoornis

Voor elke vraag geldt: indien van toepassing op het kind, vraag dan hoe vaak (per week) het gedrag voorkomt en vanaf wanneer/hoe lang het betreffende probleem speelt.

Agressie gericht op mensen en dieren:
1. Pest of bedreigt uw zoon/dochter andere kinderen of volwassenen (proactief)?
2. Begint uw zoon/dochter vechtpartijen?
3. Heeft uw zoon/dochter wel eens een 'wapen' gebruikt? Met een wapen wordt bijvoorbeeld bedoeld een knuppel, een kei, een gebroken fles, een mes, een vuurwapen of een ander gevaarlijk voorwerp.
4. Heeft uw zoon/dochter wel eens mensen of dieren mishandeld?
5. Heeft uw zoon/dochter wel eens iemand bestolen? Zo ja, hoe deed hij/zij dat?
6. Heeft uw zoon/dochter iemand wel eens tot seksueel contact gedwongen?
7. Doet uw zoon/dochter gemeen tegen anderen? Haalt hij/zij bijvoorbeeld gemene grapjes uit? (proactief)

Vernieling van eigendommen:
8. Heeft uw zoon/dochter wel eens opzettelijk brand gesticht?
9. Heeft uw zoon/dochter wel eens opzettelijk eigendommen van anderen vernield (anders dan brandstichting)?

Leugenachtigheid of diefstal:
10. Heeft uw zoon/dochter wel eens ingebroken? (bijv. in iemands huis, in een gebouw of auto)?
11. Liegt uw zoon/dochter om dingen voor elkaar te krijgen of om dingen niet te hoeven doen?
11a. Vertelt uw zoon/dochter dingen die niet waar zijn (proactief)?
12. Heeft uw zoon/dochter wel eens gestolen (bijv. winkeldiefstal)?

Ernstige schendingen van regels:
13. Is uw zoon/dochter wel eens van huis weggelopen? Zo ja, hoe lang duurde dit?
14. Is hij/zij toen ook 's nachts weggebleven?
15. Spijbelt uw zoon/dochter?

4.3 Instrumenten voor diagnostiek en evaluatie

Het beste beeld van het gedragsgestoorde kind krijgt men door informatie van verschillende informanten (ouders, leerkracht en kind) te bundelen.
- Leerkrachten vullen de gedragbeoordelingslijst Taxonomie voor sociale probleemsituaties (TOPS, Taxonomy of Problematic Social Situations for children), de Leerkrachtbeoordelingsvragenlijst voor reactieve en proactieve agressie (TRA, Teacher Rating Scale for Reactive and Proactive Aggression), de Self Control Rating Scale (SCRS) en het Teacher's Report Form (TRF) in.
- Ouders en leerkracht worden (naast het invullen van de CBCL en SCRS) tijdens de behandeling wekelijks gebeld om vijf van tevoren opgestelde behandelingsdoelen te scoren op een 5-puntsschaal (weekverslagen).
- De kinderen beoordelen hun sociale gedrag op de vragenlijst Matson Evaluation of Social Skills with Youngsters (MESSY) en beoordelen hun eigen gedrag op de weekverslagen. Verder krijgen zij de taakopdrachten ter beoordeling van de impulsiviteit met de Matching Familiar Figures Test (MFFT) en de sociaal-cognitieve vaardigheden met de Sociaal-cognitieve Vaardigheden Test (SCVT).
- De kinderen worden op school geobserveerd door onafhankelijke beoordelaars in drie situaties, namelijk in een gestructureerde situatie (taak), een semigestructureerde situatie (gymles) en een vrije situatie (pauze, speelplaats).

4.3.1 Gedragbeoordelingslijsten voor ouders en leerkracht

Om te bepalen of er sprake is van agressie en delinquentieproblematiek vullen ouders de Child Behavior Checklist (CBCL) 4-18 in (Verhulst e.a., 1996). De CBCL geldt als een psychometrisch adequate maat die in interventieonderzoek als afhankelijke maat bruikbaar is. De normgegevens voor klinische en niet-klinische groepen zijn bekend (Verhulst, 1985). De vragenlijst bestaat uit 20 items over sociale vaardigheden (activiteiten, sociale omgang, schoolvorderingen) en 118 items die betrekking hebben op gedrags- en emotionele problemen. Op de vragen over problemen scoren ouders een 0 als het item niet, een 1 als het een beetje, en een 2 als het duidelijk of vaak van toepassing is op het kind. Er zijn parallelle vormen van dezelfde lijst ontwikkeld voor verschillende informanten: naast de CBCL het TRF voor de leerkrachten.

4.3.2 Taxonomie voor sociale probleemsituaties

Met behulp van de Taxonomy of Problematic Social Situations for children (TOPS; Dodge e.a., 1985; Cuperus, 1997) worden gedragsproblemen in de klas bepaald. De leerkracht beoordeelt het kind op specifieke sociale probleemsitua-

ties, die door de volgende zes factoren worden weergegeven:
1. aansluiten bij leeftijdgenoten;
2. reageren op provocaties;
3. reageren op falen;
4. reageren op succes;
5. sociale verwachtingen;
6. verwachtingen van de leerkracht.

De TOPS bevatte oorspronkelijk 44 items. Cuperus (1997) heeft de TOPS onderzocht bij Nederlandse schoolkinderen in de leeftijd van 6 tot en met 12 jaar. Na een factoranalyse komt zij tot vier factoren:
1. reageren op benadeeld/buitengesloten worden;
2. reageren op succes of falen bij een prestatie (competitie);
3. omgaan met de sociale verwachtingen van leeftijdgenoten;
4. omgaan met sociale verwachtingen van de leerkracht.

Deze vier factoren vertonen een grote overeenkomst met de zes factoren van Dodge, Mc Claskey en Feldman (1985). De Nederlandse versie van de TOPS bestaat uit achttien items. De onderliggende factorstructuur is stabiel en de interne consistentie hoog. De TOPS is een gevoelige maat voor het meten van trainingseffecten (Christopher e.a., 1991).

4.3.3 Leerkrachtbeoordelingsvragenlijst voor reactieve en proactieve agressie

Proactief en reactief agressief gedrag kunnen gemeten worden met de Teacher Rating Scale for Reactive and Proactive Aggression (TRA; Dodge & Coie, 1987; Brown e.a., 1996). Deze vragenlijst voor leerkrachten bevat 21 antisociale items die op een 3-puntsschaal gescoord worden, waarbij 0 nooit, 1 soms en 2 erg vaak is. Op deze manier kunnen de leerkrachten aangeven hoe vaak een uitspraak als 'bedreigt anderen' of 'geeft anderen de schuld' van toepassing is op het kind.
    Factoranalyse geeft aan dat de reactieve en proactieve agressiefactoren onafhankelijk en intern consistent zijn.

4.3.4 Self Control Rating Scale

De Self Control Rating Scale (SCRS; Kendall & Wilcox, 1979; Van de Winkel, 1986) is oorspronkelijk ontwikkeld om de zelfcontrole van basisschoolleerlingen door leraren en ouders te laten beoordelen. De betrouwbaarheid en validiteit van de schaal zijn goed (Robin e.a., 1984). Kendall, Zupan en Braswell (1981) vonden een negatieve correlatie tussen zelfcontrole en 'acting-out'-gedrag.

Kendall en Wilcox (1979) onderscheiden bij zelfcontrole een cognitief (probleemoplossend) aspect en een gedragsaspect (responsinhibitie). Van de Winkel (1986) onderzocht de SCRS voor een Nederlandse populatie en vond dezelfde twee factoren, namelijk gedragszelfcontrole en cognitieve zelfcontrole. De SCRS bestaat uit 33 items. De items worden gescoord op een 7-puntsschaal. Een score van 1 betekent een maximum aan zelfcontrole en een score van 7 een maximum aan impulsiviteit.

4.3.5 Zelfmeetinstrumenten voor de kinderen

Zelfrapportage geeft informatie over hoe een kind zelf denkt of voelt, of hoe het zichzelf beoordeelt in verschillende sociale situaties. Bij de interpretatie van zelfbeoordelingsvragenlijsten komt het gevaar van sociale wenselijkheid om de hoek kijken. Daarnaast speelt het niveau van cognitief functioneren een rol bij het lezen en begrijpen van de vragen op de vragenlijst.

Naast de informatie die van ouders en leerkracht wordt verkregen, is het voor het meten van interventie-effecten van belang om te zien of uit de scores van het kind blijkt dat het veranderd is.

De Matson Evaluation of Social Skills with Youngsters (MESSY; Matson e.a., 1983) is in het Nederlands vertaald door Blonk, Prins en Sergeant (1993). Deze vragenlijst wordt door de kinderen gescoord op de factoren:
– sociaal vaardig;
– inadequaat sociaal gedrag;
– impulsief/recalcitrant;
– bazig/brutaal;
– jaloers/teruggetrokken.

Blonk, Prins en Sergeant komen tot twee factoren: sociaal vaardig gedrag en inadequaat sociaal gedrag.

De MESSY bestaat uit 62 items. Elk item bestaat uit een uitspraak die de kinderen over zichzelf doen, bijvoorbeeld 'ik word snel boos'. Het kind geeft aan of de uitspraak op hem of haar van toepassing is door te kiezen uit de volgende vijf antwoorden: helemaal niet waar voor mij, niet waar voor mij, ertussenin, waar voor mij, of helemaal waar voor mij. De interne consistentie, de test-hertestbetrouwbaarheid en de constructvaliditeit zijn goed.

Kinderen met agressief en oppositioneel gedrag hebben een tekort aan sociaal-cognitieve vaardigheden, zelfcontrole (impulsiviteit-reflectiviteit) en probleemoplossend vermogen. Daarom kan men proberen om via taakopdrachten te bepalen in hoeverre dit geldt voor een gedragsgestoord kind.

Uiteraard geeft de testsituatie zelf ook informatie over het gedrag van het kind in het algemeen en over bijvoorbeeld het probleemoplossend vermogen, de zelfcontrole of impulsief gedrag en de mate van perspectief kunnen nemen. Een voorbeeld van een test die zich daar goed voor leent, is de Matching Familiar Figures Test (MFFT). De verkregen informatie is tevens waardevol voor de behandeling. Hoe benadert een kind een probleemstelling in een test? Reageert het impulsief? Praat het hardop bij het zelfsturingsproces? Zoekt het naar oplossingsstrategieën of vraagt het meteen om hulp? Met andere woorden: de afname van een test als de MFFT geeft naast een testscore ook informatie over de manier van probleemoplossen van het kind. Tests die in de literatuur genoemd worden voor het onderzoeken/meten van het probleemoplossend vermogen zijn, naast de MFFT, de doolhoven van Porteus en subtests van de WISC-R, zoals Codes en Doolhoven.

De Matching Familiar Figures Test (MFFT; Kagan e.a., 1964) wordt beschouwd als een taakopdracht voor het meten van impulsiviteit-reflectiviteit. De MFFT bestaat uit twaalf items. Het kind krijgt bij elk item een stimulusplaatje te zien en moet vervolgens uit zes varianten hetzelfde stimulusplaatje kiezen. Bij elk item worden de responstijd van het eerste antwoord en het aantal foute keuzes genoteerd. De 'reflectieve' kinderen zijn de kinderen die relatief langzaam en nauwkeurig het juiste antwoord selecteren en de 'impulsieve' kinderen reageren relatief snel en onnauwkeurig.

Ondanks het commentaar op de betrouwbaarheid en validiteit van de MFFT is de test in meer dan 800 studies gebruikt als een maat voor impulsiviteit (Fink & McCown, 1993). Spivack, Platt en Shure (1976) hebben een reeks tests voor probleemoplossingsvaardigheden ontwikkeld en voor agressieve kinderen is het werk van Lochman en Lampron (1986) de moeite waard.

Spence (1994) geeft in een overzichtsartikel aan dat de diagnostiek voor het oplossen van interpersoonlijke problemen en van sociaal-cognitieve vaardigheden zich nog in een experimenteel stadium bevindt en dat er gebrek is aan normgegevens. Dit geldt in nog sterkere mate voor de Nederlandse situatie. Het feit dat er geen adequate test voorhanden is, heeft geleid tot het ontwikkelen van een Sociaal-cognitieve Vaardigheden Test (SCVT). De SCVT bestaat uit drie plaatjesreeksen met bijbehorende verhaaltjes. Bij elk verhaal met plaatjes worden vragen gesteld aan het kind, die de acht sociaal-cognitieve vaardigheden van Gerris (1981) vertegenwoordigen: identificeren, discrimineren, differentiëren, vergelijken, zich verplaatsen, relateren, coördineren en verdisconteren. Op deze manier is te zien waar een gedragsgestoord kind tekorten heeft in zijn sociaal-cognitieve ontwikkeling.

4.3.6 Weekverslagen voor de ouders, de leerkracht en het kind

Hier volgt een korte samenvatting van het gebruik van weekverslagen in de behandeling. In paragraaf 2.3 kan hierover meer informatie gevonden worden. Voordat de behandeling begint, hebben de ouders vijf probleemgedragingen gekozen uit een veelvoud van gedragingen die door de therapeut aan de hand van de intake zijn opgesteld. Aan het kind worden deze vijf probleemgedragingen voorgelegd en het moet zichzelf daarin herkennen. Blijft herkenning uit, dan kiezen ouders en kind een andere. Het kind krijgt deze probleemgedragingen voor aanvang van elke zitting aangeboden en geeft een score voor elk ervan over de afgelopen week. Met de ouders en de leerkracht zijn een vaste dag en een vast tijdstip in de week afgesproken waarop de therapeut belt. De ouders en de leerkracht geven dan de scores door van het weekverslag. Dit gebeurt elke week gedurende de groepstherapie.

Weekverslagen kunnen zeer waardevolle informatie geven over veranderingen in het gedrag van het agressieve kind. Na afloop van de behandeling krijgen kind, ouders en leerkracht de resultaten van de weekverslagen te zien. Daar de vijf opgestelde probleemgedragingen in het weekverslag tevens de leerdoelen zijn voor de behandeling, kan ook aan de hand van de resultaten van de weekverslagen worden gekeken of er een vooruitgang, stilstand of verslechtering heeft plaatsgevonden. In figuur 5.1 (hoofdstuk 5) is dit goed te zien. Hierin worden de gemiddelde scores van weekverslagen bij voor- en nameting van het sociaal-cognitieve programma en het sociale-vaardigheidsprogramma getoond.

4.3.7 Gedragsobservaties door onafhankelijke beoordelaars

Een aanvulling op de diagnostiek van vragenlijsten, zelfrapportage en taakopdrachten vormt de directe observatie. Observatiegegevens kan men krijgen via de ouders of de leerkrachten. De observatie door onafhankelijke observatoren geeft betrouwbaarder informatie. Directe observatie van kinderen met agressief en oppositioneel gedrag wordt in de klinische praktijk als arbeidsintensief gezien. Wil men betrouwbare observaties doen, dan dienen de observatoren zich eerst te bekwamen in het observeren en moeten zij tot een acceptabele interbeoordelaarsbetrouwbaarheid komen.

Bij de gedragsobservaties is gebruikgemaakt van de observatieschaal van Verbout en Zaal (1989). Deze observatieschaal bestaat uit vier hoofdcategorieën – sociaal, neutraal sociaal, solitair, anti-sociaal – die zijn afgeleid van de vier gedragsclusters van Dodge, Coie en Brakke (1982). Aan de oorspronkelijke 20 gedragsbeschrijvingen is reactief/proactief agressief als vijfde gedragscategorie toegevoegd, zodat de gedragsobservatieschaal in totaal 26 gedragsitems bevat. Een observator krijgt van de leerkracht twee kinderen toegewezen om te observeren. De twee kinderen worden I en II of A en B genoemd. Een van de kinderen doet mee aan de behandeling. Welk kind dit is weet de observator niet. De observator wordt door de leerkracht geïntroduceerd in de klas als leerkracht in opleiding.

D.1 Theoretisch referentiekader en praktische uitleg

5 Resultaten van effectonderzoek

Agressief gedrag bij jongens verminderen met een sociaal-cognitieve groepsbehandeling: de resultaten van een gerandomiseerde gecontroleerde studie[1]

5.1 Inleiding

Hoewel *parent management training* een van de meest veelbelovende behandelmodaliteiten voor agressieve kinderen is (Burke e.a., 2002), hebben ouders vaak pessimistische ideeën over waar het probleem zit, hoe onveranderlijk het is en wat een mogelijke oplossing is (Durlak e.a., 2001). Zo denken ouders van kinderen met gedragsproblemen vaak dat de oorzaak van en dus ook de oplossing voor de problemen van het kind bij het kind zelf en niet bij de ouders of de ouder-kindinteractie ligt. Sommige ouders roepen liever hulp in voor hun kind dan voor zichzelf. Een sociale-vaardigheidstraining (SVT) sluit aan bij deze voorkeur van de ouders. SVT is een veelgebruikte interventie bij de behandeling van kinderen met internaliserende en externaliserende problemen. Meta-analyses (Farmer e.a., 2002; Quinn e.a., 1999) hebben direct na de behandeling een kleine tot middelmatige effectgrootte gevonden, zwakke effecten op lange termijn en meer effect voor sociaal teruggetrokken dan voor agressieve kinderen. Maten van verstorend gedrag en agressie leverden een lage gemiddelde effectgrootte op van 0,13 (Quinn e.a., 1999).

Cognitieve gedragstherapie is effectief voor kinderen met externaliserende problemen (Durlak e.a., 2001), maar blijkt niet effectief te zijn voor aandachtstekortstoornis met hyperactiviteit (ADHD; Pelham e.a., 1998). Dit is een goede reden om twee meta-analyses van cognitief-gedragstherapeutische interventies voor agressieve kinderen eens nader te bekijken (Bennett & Gibbons, 2000; Yoon e.a., 1999). Deze analyses geven een duidelijk beeld van de noodzakelijke bestanddelen van een effectieve behandeling voor agressieve kinderen. Bennett en Gibbons (2000) concluderen dat kindgerichte cognitief-gedragstherapeutische interventies:
– een gering tot matig temperend effect hebben op antisociaal gedrag;
– voor oudere kinderen op de basisschool en voor adolescenten effectiever zijn dan voor jongere kinderen op de basisschool.

De afgelopen tien jaar zijn de cognitieve tekorten en vervormingen bij agressieve kinderen uitgebreid bestudeerd vanuit het gezichtspunt van het model van Dodge over het verwerken van sociale informatie (Crick & Dodge, 1994). Een

---

[1] *Journal of the American Academy of Child and Adolescent Psychiatry*, 43 (12), 1478-1487, december 2004.

meta-analyse van Yoon e.a. (1999) vergeleek de effectgrootte voor verschillende fasen in Dodges model van sociale informatieverwerking tussen agressieve en niet-agressieve kinderen. De uitkomsten van deze studie bevestigen dat agressieve kinderen een breed patroon van tekorten en vooroordelen vertonen in het verwerken van sociale informatie. Voor alle vier processen werd een middelmatige effectgrootte gevonden. Yoon e.a. (1999) voeren aan dat wanneer een training in sociaal-cognitieve vaardigheden geen succes heeft, dit mogelijk het gevolg is van de beperkte focus van een dergelijk programma. Om de effectiviteit te vergroten moeten interventies dan ook een vaardigheidstraining combineren met interventies die de achterliggende sociale-informatieverwerkingsprocessen als doelwit hebben.

Ons onderzoek is bedoeld om de effectiviteit van een sociaal-cognitief interventieprogramma (SCIP) te onderzoeken dat speciaal voor agressieve kinderen is ontwikkeld om hun sociaal-cognitieve tekorten en vervormingen aan te pakken in alle fasen van Dodges model van sociale informatieverwerking. De sociaal-cognitieve tekorten en vervormingen die met de stappen in het model van Dodge corresponderen zijn omgezet in behandelcomponenten zoals pro-

Tabel 5.1 Integratie van SCIP-behandelcomponenten in het model van Dodge.

Theoretisch model		Behandelcomponenten	
Model Dodge (Crick & Dodge, 1994)	**Probleem oplossen** (Spivack e.a., 1976)	**Sociale cognitie** (Selman, 1980) (Gerris, 1981)	**Zelfcontrole** (Kanfer, 1977)
1. signalen coderen	gevoeligheid voor interpersoonlijke problemen	egocentrisch niveau: – identificeren	
2. signalen interpreteren	het probleem definiëren	– onderscheid maken	
3. doelen verhelderen en reactie zoeken	alternatieve oplossingen genereren	subjectief niveau: – differentiëren – vergelijken	
4. reactie kiezen	gevolgen evalueren en keuze maken	zelfreflexief niveau: – zich verplaatsen	
5. gedrag uitvoeren	de beste oplossing uitvoeren	– relateren wederkerig niveau:	zelfobservatie
6. evalueren	de uitvoering evalueren	– coördineren – verdisconteren	zelfevaluatie
			zelfbekrachtiging

bleemoplossingsvaardigheden, sociaal-cognitieve vaardigheden en zelfcontroletechnieken (zie tabel 5.1). We hebben ook een ontwikkelingsaspect aan het model van Dodge toegevoegd, vooral bij het gebruiken van sociaal-cognitieve vaardigheden door het kind (zie Van Manen e.a., 2001), en aandacht besteed aan de rol van emoties bij het verwerken van sociale informatie, aansluitend bij het geïntegreerde model van emotieprocessen en cognitie bij het verwerken van sociale informatie zoals Lemerise en Arsenio (2000) dat hebben gepresenteerd.

Deze studie is het eerste gerandomiseerde, gecontroleerde onderzoek naar de effectiviteit van een sociaal-cognitieve interventie voor agressieve jongens op basis van het model van Dodge over het verwerken van sociale informatie in vergelijking met een SVT en een wachtlijst (WL) controlegroep. De verwachting was dat de effectiviteit zou verbeteren door ons niet alleen te richten op sociale vaardigheden (SVT), maar ook op de tekorten en vervormingen in sociaal-cognitieve processen (SCIP).

5.2 Methode

5.2.1 Deelnemers

De deelnemers waren 97 agressieve jongens in de leeftijd van 9 tot 13 jaar (M = 11.2, SD = 0.93). De etnische samenstelling van de onderzoeksgroep was 79,5% blank, 10% Marokkaans, 6,3% Turks en 4,2% Surinaams-Caribisch. Het sociaal-economische niveau varieerde van lage tot middenklasse, afgaande op de hoogste opleiding van de ouders en hun beroep/werk.

De jongens waren voor behandeling doorverwezen naar centra voor jeugdzorg in diverse steden in Nederland. Ze werden tot het programma toegelaten als zij voldeden aan de DSM-IV-criteria (American Psychiatric Association, 1994) voor gedragsstoornis (CD), oppositioneel-opstandige stoornis (ODD) of gedragsstoornis niet anderszins omschreven (DBD-NOS). Om in deze studie te worden opgenomen moesten de jongens op de WISC-R een IQ-totaalscore van meer dan 85 hebben bij afname van de volledige IQ-schaal (Wechsler Intelligence Scale for Children Revised, Nederlandse versie; Vandersteene e.a., 1986; Wechsler, 1974) en geen leerstoornis hebben. Verder werden jongens in de studie opgenomen als hun scores voor agressief gedrag en/of delinquent gedrag op de Child Behavior Checklist (CBCL; Achenbach, 1991) of de Teacher's Report Form (TRF) hoger waren dan de scores voor aandachtsproblemen, i.e. de scores op de probleemschalen agressief gedrag en/of delinquent gedrag moesten in het klinische bereik liggen, terwijl de score op de schaal aandachtsproblemen in het niet-klinische bereik lag. ODD/CD-jongens met enkele ADHD-kenmerken volgens de DSM-IV-criteria, maar zonder diagnose ADHD, werden niet uitgesloten.

5.2.2 Meetinstrumenten

Voor alle meetinstrumenten in dit onderzoek was een Nederlandse vertaling beschikbaar, met uitzondering van de Teacher Rating Scale for Reactive en Proactive Aggression (TRA).

Om de agressieproblemen van de kinderen te meten, beantwoordden de ouders de CBCL (Achenbach, 1991). De CBCL is een schaal van 118 items die scores op acht probleemschalen oplevert en internaliserings- en externaliseringsproblemen vaststelt. Ook de TRF, een parallelversie van de CBCL, is gebruikt. Er zijn Nederlandse normgegevens voor zowel de CBCL als de TRF beschikbaar (Verhulst e.a., 1996).

De Taxonomy of Problematic Social Situations for Children (TOPS; Dodge e.a., 1985) is een instrument van 44 items waarmee de leerkracht aangeeft hoe vaak een kind adequaat reageert op een scala van specifieke situaties of taken. Factoranalytische studies met Nederlandse steekproeven hebben vier clusters opgeleverd: reageren op uitsluiting, reageren op mislukking en succes, sociale verwachtingen en verwachtingen van de leerkracht. De TOPS heeft een hoge interne consistentie en convergente validiteit en differentieert tussen sociaal afgewezen en sociaal competente kinderen (Cuperus, 1997).

De TRA (Brown e.a., 1996) bevat 21 antisociale items die twee factoren bestrijken, een factor proactieve agressie en reactieve agressie en een factor heimelijk antisociaal gedrag. De interne consistentie en discriminante validiteit zijn goed. De Self Control Rating Scale (SCRS; Kendall & Wilcox, 1979), die door de leerkracht wordt ingevuld, is een schaal met 33 items om de gedragscomponent (responsinhibitie) en de cognitieve component (probleemoplossen) van zelfcontrole te meten. De betrouwbaarheid en validiteit van de SCRS met de leerkracht als beoordelaar is hoog (Van de Winkel, 1986).

Een weekverslag over vijf doelgedragingen werd specifiek op elk kind afzonderlijk afgestemd. Voorafgaand aan de behandeling kozen de ouders vijf soorten probleemgedrag uit een verzameling problemen die op basis van het intakegesprek door de therapeut waren geselecteerd. Ieder kind moest het ermee eens zijn dat het gekozen gedrag een probleem was en dat dat moest veranderen. Zo niet, dan werd een ander probleemgedrag geselecteerd. Alle informanten beoordeelden hetzelfde doelgedrag van een bepaald kind. Voor elk doelgedrag werd een 5-puntsschaal gebruikt, van 1 (nooit) tot 5 (altijd). Voorbeelden van gedragsproblemen zijn: anderen de schuld geven, zonder enige reden kwaad worden, geld stelen, regels veranderen om te kunnen winnen en eigen fouten niet toegeven. De totaalscore van het weekverslag bestaat uit de gemiddelde score voor de vijf beoordeelde gedragingen (figuur 5.1). De ouders en de leerkracht van het kind werden elke week op een vast tijdstip door een van de therapeuten gebeld om het weekverslag door te geven. Het eerste telefoontje vond een week voor het begin van de behandeling plaats en het laatste telefoontje vond plaats in de week van de laatste behandelsessie. De kinderen vulden aan het begin van elke behandelsessie een weekverslag in. Ze kregen geen beloning voor het weekverslag. Het weekverslag werd niet afgenomen bij de WL-controlegroep.

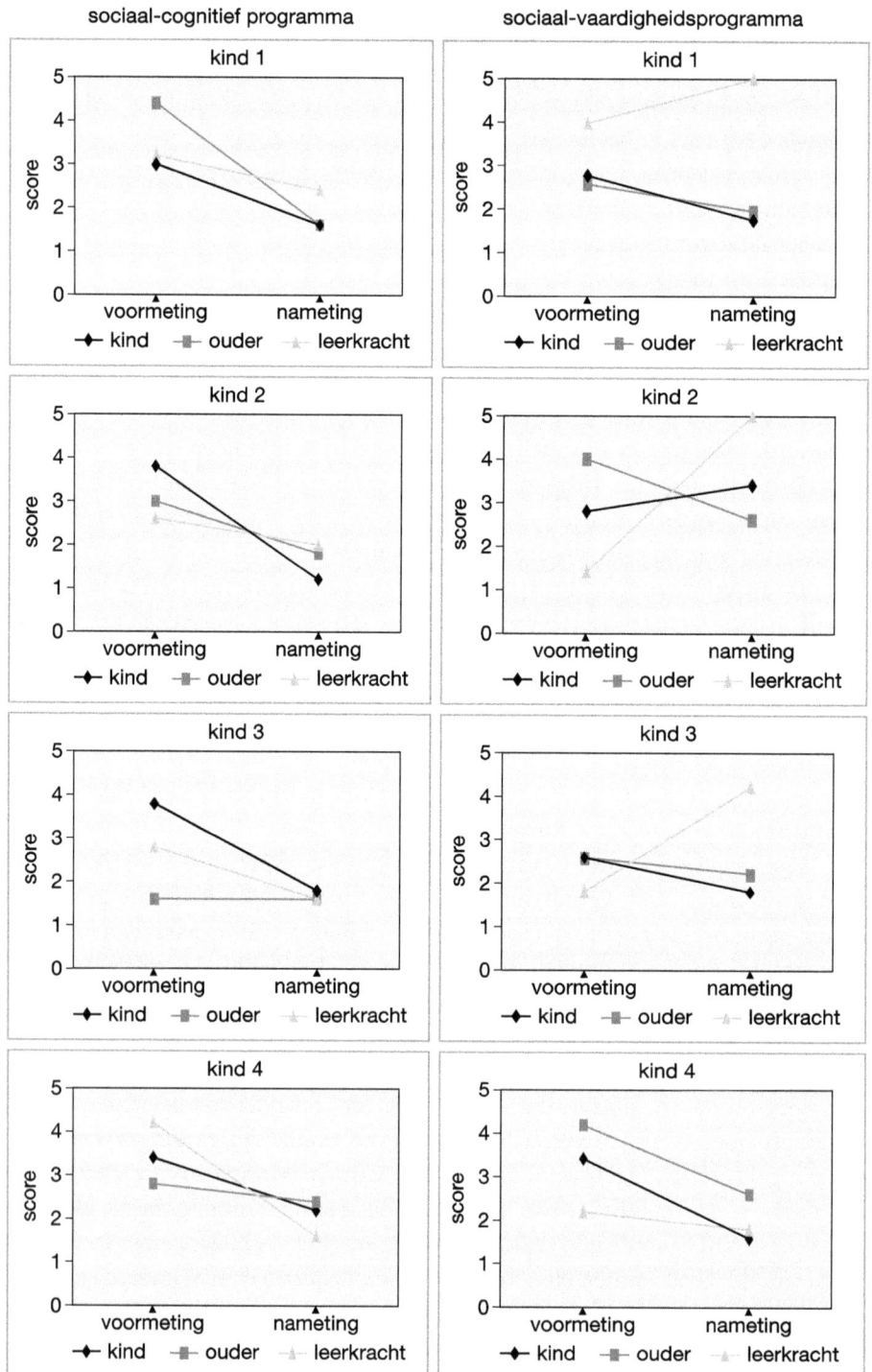

Figuur 5.1 Gemiddelde scores op voor- en nameting van de weekverslagen.

De Matching Familiar Figures Test (MFFT; Kagan e.a., 1964) meet reflexiviteit/impulsiviteit. Het kind moet in twaalf opdrachten kiezen welke van zes op elkaar lijkende figuren dezelfde is als een criteriumfiguur. Het kind gaat door met kiezen totdat de juiste figuur is gevonden. Het aantal verkeerde antwoorden wordt genoteerd.

De Matson Evaluation of Social Skills with Youngsters (MESSY; Matson e.a., 1983) is een zelfrapportage van 62 vragen die scores oplevert voor positief sociaal gedrag, negatief sociaal gedrag en een algemeen totaal sociale vaardigheden. Factoronderzoek bij Nederlandse steekproeven heeft twee factoren gevonden: adequate sociale vaardigheden en inadequate sociale vaardigheden (agressief/antisociaal gedrag). De Nederlandse versie van de schaal heeft een goede interne consistentie, test-hertestbetrouwbaarheid en constructvaliditeit (Blonk e.a., 1993).

De Sociaal Cognitieve Vaardigheids Test (SCVT; Van Manen e.a., 2007) meet sociaal-cognitieve vaardigheden en bestaat uit zes korte verhalen met bijbehorende plaatjes. Het uitgangspunt achter de SCVT is dat de sociaal-cognitieve ontwikkeling plaatsvindt volgens een sequentie van acht sociaal-cognitieve vaardigheden, die zodanig hiërarchisch zijn gerangschikt dat er cumulatief leren kan plaatsvinden. Elk verhaal van de SCVT meet acht sociaal-cognitieve vaardigheden door het kind systematisch te bevragen. Uit onderzoek is gebleken dat de SCVT onderscheid maakt tussen agressieve en niet-agressieve kinderen (Van Manen e.a., 2007).

5.2.3 Werkwijze

De ouders en hun kind werden verwezen naar een centrum voor jeugdzorg. Tijdens het intakegesprek werd speciaal gelet op aanwijzingen voor agressieproblemen of gedragsstoornissen volgens de klinische richtlijnen van de instelling. De ouders vulden de CBCL in en de leerkrachten de TRF. Als de scores op CBCL, TRF of beide op een klinische mate van agressief of delinquent gedrag wezen, dat wil zeggen een score van > 70, dan werden de ouders uitgenodigd voor een gestructureerd interview dat was samengesteld uit vragen gebaseerd op de DSM-IV-criteria voor CD, ODD of DBD-NOS. Het diagnostische gesprek werd gevoerd door bevoegde klinisch kinder- en jeugdpsychologen die ervaring hadden met het gebruik van deze checklist. Kinderen werden voor het onderzoek geaccepteerd op grond van de inclusie- en exclusiecriteria. De ouders tekenden een verklaring waarin zij hun toestemming gaven en ook het kind gaf zijn toestemming. Eén week voor en na het einde van de behandeling werden meetinstrumenten afgenomen bij het kind, de ouders en de leerkracht om de behandeluitkomst te evalueren.

Na de selectie kregen de ouders en kinderen te horen wanneer de therapie zou beginnen. Zij werden willekeurig toegewezen aan een van de drie condities (SCIP, SVT of WL-controlegroep), maar kregen niet te horen dat zij willekeurig aan een van deze drie condities zouden worden toegewezen. De ouders van de SCIP- en SVT-kinderen werden ingelicht over het begin van de therapie en tegen de ouders van de kinderen in de WL-controlegroep werd gezegd dat de behandeling over ongeveer elf weken zou starten. De deelnemers werden willekeurig verdeeld over SCIP ($n = 42$), SVT ($n = 40$) of de WL-controlegroep ($n = 15$). Na de eerste behandelronde werden de kinderen uit de WL-controlegroep en de nieuw geselecteerde kinderen bij elkaar gevoegd en vervolgens willekeurig aan hetzij SCIP, hetzij SVT toegewezen. De interventies stonden onder leiding van bevoegde klinisch kinder- en jeugdpsychologen in diverse steden in Nederland. Dezelfde therapeuten gaven beide behandelingen. De therapeuten waren door middel van rollenspel en *modelling* getraind in het gebruik van het SCIP- en SVT-protocol. Gedurende de gehele behandelperiode vond supervisie van de therapeuten plaats door middel van individuele gesprekken, groepsbijeenkomsten en wekelijkse gevalsbesprekingen aan de hand van audio- en video-opnames van sessies.

5.2.4 Behandelvormen

Er werd gekozen voor een groepsbehandeling ($n = 4$), zodat de kinderen in een veilige omgeving konden oefenen en contact hadden met kinderen van dezelfde leeftijd. Kleine groepen bieden de gelegenheid voor rollenspellen en feedback door leeftijdgenoten. Bovendien worden kinderen in een groep vaker geconfronteerd met situaties (*cue exposure*) waarin zij hun impulsen moeten bedwingen (zelfcontrole). Dit biedt hun de mogelijkheid om het oplossen van sociale problemen die ze in het dagelijks leven tegenkomen te oefenen (generalisatie), zoals vrienden maken, zich bij een groep aansluiten, kwaadheid beheersen en andere kinderen op een adequate manier helpen. SCIP en SVT bestonden elk uit elf wekelijkse sessies van 70 minuten.

Het sociaal-cognitieve interventieprogramma

SCIP is een cognitieve gedragsbehandeling die bestaat uit vier hoofdelementen: *a* sociale informatie verwerken, *b* probleemoplossende vaardigheden, *c* sociaal-cognitieve vaardigheden en *d* vaardigheden in zelfcontrole (zie tabel 5.1). De behandelsessies volgen de zes stappen in het model van Dodge. De probleemoplossende vaardigheden en de sociaal-cognitieve vaardigheden (tabel 5.1) zijn in de sequentie van deze zes stappen geïntegreerd. Voor de stappen uitvoering en evaluatie van gedrag in het model zijn nog drie zelfcontrolecomponenten opgenomen, namelijk zelfobservatie, zelfevaluatie en zelfbekrachtiging.
Elke sessie (zie tabel 5.2) begon met een bespreking van problemen of vragen

van de afgelopen week in verband met het huiswerk, gevolgd door oefeningen en tot slot een evaluatie van de sessie en het uitdelen van een folder met 'Wat hebben we gedaan' en 'Wat kan ik ermee doen?'. Ook werden aan het einde van elke sessie huiswerkopdrachten meegegeven waarin de kinderen hun pas verworven vaardigheden buiten de groep moesten oefenen.

De therapeuten maakten gebruik van het geven van aanwijzingen, cognitieve modelling (de stappen bij het oplossen van een probleem verwoorden), rollenspel, positieve bekrachtiging, time-out en coachen met videofeedback.

Tabel 5.2 Belangrijkste behandelcomponenten.

Sessie	Sociaal-cognitief interventieprogramma	Sociale-vaardigheidstraining
1	verbale en non-verbale signalen, interne en externe signalen decoderen	zich vertrouwd maken met doelstelling van de groep, deelnemers, regels en beloningstelsel
2	visuele en auditieve signalen decoderen; regels voor communicatie; sociaal-cognitieve vaardigheden: identificeren en discrimineren	sociale vaardigheden luisteren en begroeten; een groepsnaam kiezen; jezelf voorstellen in rollenspel
3	externe en interne signalen interpreteren; sociaal-cognitieve vaardigheid: differentiëren	luisteren en vragen stellen; regels voor communicatie; basisgevoelens uiten
4	doelen verhelderen en respons zoeken; eerste stappen in oplossen van probleem; soc.-cogn. vaardigheid: vergelijken; emoties onderscheiden en benoemen bij zichzelf en anderen	gesloten en open vragen en andere gesprekstechnieken; complimenten geven en ontvangen
5	beslissen over reactie na evalueren van gevolgen; soc.-cogn. vaardigheden: differentiëren en vergelijken; complimenten geven en ontvangen	eigen gevoelens herkennen en onder woorden brengen; verbale en non-verbale signalen in gedrag van leeftijdgenoten observeren
6	stap 3 en 4 voor oplossen van problemen; soc.-cogn. vaardigheid: zich verplaatsen; zelfcontrolevaardigheden	gevoelens registreren; verschillen tussen leeftijdgenoten in dezelfde sociale situaties vaststellen
7	beslissen over reactie en beste oplossing uitvoeren; soc.-cogn. vaardigheid: relateren; zelfcontrole, zelfinstructie; een provocerende situatie analyseren door woede te beheersen	bij een groep aansluiten; reageren op afwijzing; rollenspel in verschillende sociale situaties; kritiek accepteren

Sessie	Sociaal-cognitief interventieprogramma	Sociale-vaardigheidstraining
8	stap 4-6 voor oplossen van problemen; soc.-cogn. vaardigheid: coördineren	onderhandelen; leren om niet agressief maar assertief te zijn.
9	in nieuwe situaties gebruikmaken van oude ervaringen; soc.-cogn. vaardigheid: verdisconteren; zelfcontrole met 'cue-exposure'	reageren op plagen; omgaan met het hebben van een meningsverschil
10	voor jezelf opkomen met behulp van zelfcontrole; omgaan met provocaties	reageren op plagen en kritiek; samenwerking
11	allesomvattende oefening voor hele sessie; evaluatie en feedback	evaluatie en feedback; beloningssysteem evalueren

De sociale vaardigheidstraining

Een uitgebreide beschrijving van de elf sessies van het SVT-programma is te vinden bij Van Manen e.a. (1999). SVT is een gedragstraining die erop is gericht om kinderen diverse sociale vaardigheden bij te brengen om contacten met leeftijdgenoten te verbeteren en meer geaccepteerd te worden. In SVT worden verschillende gedragstechnieken gebruikt, zoals modelling, rollenspel, aanwijzingen geven en bekrachtiging. In elke behandelsessie staat het leren van een specifieke sociale vaardigheid centraal, zoals begroeten en luisteren, een gesprek voeren en letten op verbale en non-verbale signalen, gevoelens herkennen en verwoorden, meedoen met en reageren op afwijzing, onderhandelen of reageren op plagerijen en kritiek (zie tabel 2). De therapeuten verbinden ook kosten aan bepaald gedrag. Aan het begin van elke sessie krijgen alle kinderen fiches. Afhankelijk van hun gedrag tijdens de sessie kunnen zij fiches verdienen of verliezen. Aan het slot van elke sessie kunnen de kinderen fiches inruilen tegen kleine prijzen. Daarnaast worden de fiches van alle kinderen bij elkaar opgeteld voor een groepsprijs, bijvoorbeeld een groepsactiviteit. Iedere sessie begon met een bespreking van het huiswerk, gevolgd door oefeningen, en eindigde met een nieuwe huiswerkopdracht en een evaluatie van de sessie. De kinderen kregen een folder mee met onderwerpen als 'Waar ging deze sessie over?', 'Wat hebben we gedaan?', 'Wat hebben we geleerd?' en 'Wat gaan we daarmee doen?'

5.2.5 Wachtlijstcontrolegroep

Kinderen die aan de WL-controlegroep waren toegewezen kregen geen behandeling tijdens de wachtperiode. Hun wachtperiode duurde even lang als de behandeling van de SCIP- en SVT-kinderen. Na deze wachttijd werden de kinderen in de WL-controlegroep opnieuw beoordeeld met de diagnostische checklist. Wanneer zij aan de opnamecriteria voldeden, werden zij alsnog willekeurig toegewezen aan een actieve behandelconditie.

5.2.6 Behandelintegriteit

De therapeuten in beide behandelcondities beantwoordden na elke sessie een checklist over de behandelintegriteit om na te gaan of alle oefeningen in het protocol waren uitgevoerd. Van elke sessie werd een geluids- of beeldopname gemaakt. Ongeveer 70% van de sessies is onderzocht door de eerste auteur. In totaal bleek dat 90% van zowel het SCIP- als het SVT-protocol was nageleefd.

5.3 Resultaten

Tabel 5.3 Gemiddelden en standaarddeviaties voor uitkomstmaten (N = 97).

Maten		Sociaal-cognitief interventieprogramma (n = 42)			Sociale-vaardigheidstraining (n = 40)			Wachtlijstcontrolegroep (n = 15)	
		Voor behandeling	Na behandeling	Follow-up	Voor behandeling	Na behandeling	Follow-up	Voor behandeling	Na behandeling
					maten kind				
MFFT fouten	M	9.41	7.29	8.26	8.86	8.90	7.73	9.84	8.16
	SD	4.28	4.13	3.64	4.36	4.74	3.36	3.86	4.95
SCVT	M	35.36	40.93	41.10	36.88	39.92	39.71	37.45	38.36
	SD	7.95	5.79	4.92	6.66	6.18	7.14	6.58	6.31
MESSY totaalscore	M	207.03	217.53	219.05	218.30	220.11	217.00	221.83	214.17
	SD	22.67	18.41	15.85	19.95	18.47	19.68	17.99	14.66
Weekverslag kind	M	2.55	1.70		2.25	1.94			
	SD	1.07	0.78		0.92	0.92			

Maten		Sociaal-cognitief interventieprogramma (n = 42)			Sociale-vaardigheids- training (n = 40)			Wachtlijst- controlegroep (n = 15)	
		Voor behan- deling	Na behan- deling	Follow -up	Voor behan- deling	Na behan- deling	Follow -up	Voor behan- deling	Na behan- deling
maten ouders									
Weekverslag ouder	M	3.06	2.25		2.71	2.30			
	SD	1.06	0.93		0.98	0.87			
CBCL internalisering	M	61.00	57.64	55.74	63.96	55.88	58.25	62.00	61.14
	SD	9.30	11.07	11.56	8.74	11.13	11.05	7.62	8.59
CBCL externalisering	M	66.78	63.31	58.76	69.73	61.60	59.40	68.29	63.71
	SD	9.54	10.75	10.81	6.55	8.41	10.67	5.88	7.06
maten leerkracht									
TOPS: reageren op uitsluiting	M	3.85	3.60	3.29	3.88	3.51	3.53	3.91	3.91
	SD	0.75	0.87	0.66	0.72	0.84	1.04	0.60	0.69
reageren op mislukken en succes	M	3.04	2.68	2.27	2.81	2.70	2.65	3.07	2.99
	SD	0.94	0.73	0.62	0.81	0.81	0.89	0.56	0.85
sociale ver- wachtingen	M	2.91	2.59	2.55	2.43	2.32	2.42	2.95	3.02
	SD	0.75	0.80	0.83	0.79	0.86	0.81	0.63	0.67
verwachtingen leerkracht	M	3.63	3.25	3.02	3.36	3.18	2.92	3.40	3.56
	SD	0.63	0.95	0.75	1.04	0.87	1.02	0.84	0.94
SCRS	M	150.57	138.95	135.05	149.66	149.23	139.96	153.75	155.08
	SD	32.59	34.68	36.32	35.02	32.26	38.92	26.39	36.25
TRA: reactieve agressie	M	3.59	3.37	2.76	3.26	3.28	3.31	3.18	3.37
	SD	0.73	0.94	0.72	1.03	0.97	1.07	0.77	0.75
proactieve agressie	M	3.12	2.83	2.44	2.77	2.76	2.50	2.79	2.64
	SD	0.87	1.07	0.93	0.78	0.85	0.83	0.74	0.65
heimelijk antisociaal	M	2.94	2.67	2.92	2.67	2.55	2.48	2.77	2.69
	SD	0.79	0.96	1.71	0.73	0.79	0.99	0.59	0.59
Weekverslag leerkracht	M	2.86	2.14		2.40	2.57			
	SD	0.92	0.97		1.10	1.31			

		Sociaal-cognitief interventieprogramma (n = 42)			Sociale-vaardigheids- training (n = 40)			Wachtlijst- controlegroep (n = 15)	
Maten		Voor behan- deling	Na behan- deling	Follow -up	Voor behan- deling	Na behan- deling	Follow -up	Voor behan- deling	Na behan- deling
maten leerkracht									
TRF internali- serend	M	60.86	57.41	57.17	611.56	62.56	59.56	55.00	59.67
	SD	7.75	7.77	7.33	7.81	11.16	8.89	3.61	1.53
TRF externali- serend	M	71.60	66.35	64.94	71.43	66.76	63.09	69.00	68.00
	SD	6.65	7.05	7.41	10.05	9.21	10.44	9.00	1.00

MFFT = Matching Familiar Figures Test; SCVT = Sociaal Cognitieve Vaardigheden Test; MESSY = Matson Evaluation of Social Skills with Youngsters; TOPS = Taxonomy of Problem Situations; SCRS = Self Control Rating Scale; TRA = Teacher Ratings of Aggression; CBCL = Child Behavior Checklist; TRF = Teacher's Report Form.

5.3.1 Verschillen vóór behandeling

Voorafgaand aan de behandeling bleken er geen statistisch significante verschillen te zijn tussen condities op maten van achtergrondvariabelen als leeftijd, IQ, comorbiditeit, etnische afkomst, sociaaleconomisch niveau of een van de metingen voorafgaand aan de behandeling.

5.3.2 Behandeleffecten

Tabel 5.3 geeft de gemiddelden en standaarddeviaties voor de uitkomstmaten van kinderen, ouders en leerkrachten voor en na behandeling en bij follow-up na één jaar. Op de uitkomstmaten van kinderen, ouders en leerkrachten zijn multivariate variantieanalyses (MANOVA) voor herhaalde metingen uitgevoerd. De scores op MFFT, SCST en MESSY vormden de kindvariabelen, de CBCL-score externaliserend vormde de oudervariabele en de scores op TOPS, SCRS, TRA en TRF-externaliserend vormden de leerkrachtvariabelen.

Allereerst hebben we de kinderen die behandeld werden (SCIP en SVT) vergeleken met de kinderen die geen behandeling kregen (WL-controlegroep). De resultaten van de MANOVA voor herhaalde metingen wezen op een significant multivariaat effect van tijd op de oudervariabele ($F(1,47) = 5,90$, $p < .01$) en op de leerkrachtvariabelen ($F(1,20) = 57,73$, $p < .000$). Verder werd een significant multivariaat interactie-effect tijd × groep gevonden voor de kindvariabelen: $F(1,51) = 7,23$, $p < .01$. Uit univariate analyses op de kindvariabelen bleek een significant interactie-effect tijd × groep voor SCST ($F(1,65) = 5,51$, $p < .05$) en MESSY ($F(1,63) = 6,79$, $p < .01$). In beide gevallen trad een significante verbetering op bij de behandelde kinderen (SCIP en SVT gecombineerd).

Opgemerkt moet worden dat de verhouding tussen de kleinste en grootste cel voor de afhankelijke variabelen groter was dan 2:3 vanwege het geringe aantal kinderen dat geen behandeling kreeg ($n = 15$). Verder gold voor de leerkrachtvariabelen dat het aantal respondenten in elke cel kleiner was dan het aantal afhankelijke variabelen. De resultaten dienen dus met enige voorzichtigheid geïnterpreteerd te worden.

De behandeluitkomst voor kinderen die willekeurig aan SCIP en SVT waren toegewezen werd geanalyseerd met een variantieanalyse voor herhaalde metingen (ANOVA; zie tabel 5.4) waarin tijd de factor binnen subjecten was. Omdat niet werd voldaan aan de eisen voor een MANOVA, worden hier ANOVA's gerapporteerd. Er werd een significant tijdeffect gevonden voor bijna alle afhankelijke variabelen (zie tabel 5.3). Een significant interactie-effect tijd × groep werd gevonden voor MFFT ($F(1,55) = 4,03$, $p < .05$), SCST ($F(1,55) = 4,99$, $p < .05$), MESSY ($F(1,52) = 4,46$, $p < .05$), het weekverslag van het kind ($F(1,64) = 4,04$, $p < .05$), het weekverslag van de ouders ($F(1,60) = 5,40$, $p < .05$), het weekverslag van de leerkracht ($F(1,54) = 10,85$, $p < .01$) en SCRS ($F(1,40) = 3,86$, $p < .05$). In al deze gevallen bleek een significant grotere verbetering tussen voor en na behandeling voor de kinderen in de SCIP-conditie.

De resultaten van de ANOVA voor herhaalde metingen voor SCIP en SVT bij follow-up na één jaar wezen op een significant tijdeffect voor de oudervariabele CBCL-externaliserend ($F(1,30) = 20,80$, $p < .001$) en de leerkrachtvariabelen TOPS1 ($F(1,30) = 7,29$, $p < .01$), TOPS2 ($F(1,30) = 4,43$, $p < .05$), TOPS4 ($F(1,30) = 4,75$, $p < .05$), TRA reactieve agressie ($F(1,20) = 4,40$, $p < .05$), TRA proactieve agressie ($F(1,20) = 4,40$, $p < .05$) en TRF-externaliserend ($F(1,26) = 6,01$, $p < .05$). Verder werd een significant interactie-effect tijd × groep gevonden voor SCST ($F(1,31) = 4,25$, $p < .05$), MESSY ($F(1,34) = 4,50$, $p < .05$), TOPS2 ($F(1,30) = 4,24$, $p < .05$) en TRA reactieve agressie ($F(1,20) = 5,39$, $p < .05$). Voor de kinderen die SCIP kregen werd een grotere verbetering gevonden.

Tabel 5.4 ANOVA voor herhaalde metingen (F-waarden) na behandeling en bij follow-up na één jaar voor sociaal-cognitief interventieprogramma versus sociale-vaardigheidstraining (N = 70).

Maten	Voor behandeling - Na behandeling		Voor behandeling - Follow-up na 1 jaar	
	Tijd	Tijd × groep	Tijd	Tijd × groep
ANOVA		maten kind		
MFFT fouten	df = 1, 55 3.78*	4,03*	df = 1, 32 < 1	< 1
SCVT	df = 1, 55 57.72***	4,99*	df = 1, 31 1.67	4.25*
MESSY totaalscore	df = 1, 52 8.94**	4,46*	df = 1, 34 1.93	4.50*
Weekverslag kind	df = 1, 64 18.39***	4,04*	-	-
		maten ouders		
Weekverslag ouder	df = 1, 60 51.42***	5.40*	-	-
CBCL externalisering	df = 1, 40 15.22***	2.45	df = 1, 30 20.80***	< 1
		maten leerkracht		
Weekverslag leerkracht	df = 1, 54 4.00*	10.85**	-	-
TOPS reageren op uitsluiting	df = 1, 46 7.80**	< 1	df = 1, 30 7.29**	1.20
reageren op mislukken en succes	5.15*	1.41	4.43*	4.24
sociale verwachtingen	2.80	< 1	1.36	< 1
verwachtingen leerkracht	7.77**	1.09	4.75*	< 1
SCRS	df = 1, 40 4.48*	3.86*	df = 1, 31 2.26	< 1
TRA reactieve agressie	df = 1, 33 1.11	1.84	df = 1, 20 4.40*	5.39*
proactieve agressie	3.11	2.85	4.40*	2.63
bedekt antisociaal	4.28*	< 1	< 1	< 1
TRF externalisering	df = 1, 39 15.61***	< 1	df = 1, 26 6.01*	< 1

*p < .05; ** p < .01; *** p < .001. df = vrijheidsgraden.
MFFT = Matching Familiar Figures Test; SCST = Social Cognitive Skills Test; MESSY = Matson Evaluation of Social Skills with Youngsters; TOPS = Taxonomy of Problem Situations; SCRS = Self Control Rating Scale; TRA = Teacher Ratings of Aggression; CBCL = Child Behavior Checklist; TRF = Teacher's Report Form.

Samenvattend geven de veranderingen in de tijd bij meting na behandeling en bij follow-up na één jaar een afname in agressief en impulsief gedrag en een toename in gepast sociaal gedrag, zelfcontrole en sociaal-cognitieve vaardigheden te zien. Deze veranderingen vertonen groepsverschillen in het voordeel van de SCIP-kinderen.

5.3.3 Klinische betekenis

Om de klinische betekenis op individueel niveau te onderzoeken, hebben we de scores van de weekverslagen gebruikt. De vijf probleemgedragingen die in het weekverslag werden beoordeeld zijn gedragsproblemen die corresponderen met de DSM-IV-symptomen voor CD, ODD en DBD-NOS. De gemiddelde score op de vijf beoordeelde gedragingen voor ieder kind moest kleiner dan 2,5 zijn om niet meer aan de DSM-IV-criteria voor CD, ODD en DBD-NOS te voldoen. Volgens het weekverslag van de leerkrachten vertoonden 64,9% van de SCIP-groep (24 van 37) en 45,2% van de SVT-groep (14 van 31) direct na behandeling niet langer deze specifieke gedragsproblemen. Volgens het weekverslag van de ouders vertoonden 61,5% van de SCIP-groep (24 van 39) en 50% van de SVT-groep (16 van 32) niet langer deze specifieke gedragsproblemen. Wanneer de weekverslagen van ouders en leerkrachten gecombineerd worden, bedragen deze percentages 63,2 voor de SCIP-kinderen en 47,6 voor de SVT-kinderen. Follow-upgegevens na één jaar zijn voor deze maat niet beschikbaar, omdat het laatste weekverslag direct na behandeling werd ingevuld.

5.3.4 Effectgrootte

De effectgrootte direct na afloop van de behandeling en bij follow-up na één jaar is berekend voor alle kind-, ouder- en leerkrachtmaten. De effectgrootte voor SCIP en SVT is berekend voor 16 maten direct na behandeling en voor 13 maten bij follow-up na één jaar. De gemiddelde effectgrootte van SCIP (0,50 na behandeling en 0,76 bij follow-up na 1 jaar) was groter dan de gemiddelde effectgrootte van SVT (0,41 na behandeling en 0,56 bij follow-up na 1 jaar).

5.4 Discussie

De resultaten van deze studie ondersteunen de werkzaamheid van zowel SCIP als SVT. Hoewel de kinderen in beide behandelcondities vooruitgingen, vertoonden de kinderen in de SCIP-conditie op meer uitkomstmaten vooruitgang na behandeling en bij follow-up. Over het geheel was de gemiddelde effectgrootte groter dan de gemiddelde effectgrootte die in recente meta-analyses wordt gerapporteerd. De resultaten van deze studie ondersteunen de verwachting dat de werkzaamheid van de behandeling wordt vergroot door de aandacht te richten op tekorten en vervormingen in sociaal-cognitieve processen (SCIP) in plaats van alleen op sociale vaardigheden (SVT), aangezien een significant grotere verbetering werd gevonden voor de kinderen die met SCIP behandeld werden. Dit impliceert dat een kortdurende sociaal-cognitieve therapie zoals SCIP het gedrag van agressieve jongens positief kan beïnvloeden.

Onze resultaten staan in contrast met de uitkomsten van recente meta-analyses en reviews. De gemiddelde effectgrootte van SVT in ons onderzoek (0,41 na behandeling en 0,56 bij follow-up na 1 jaar) was groter dan de gemiddelde effectgrootte van 0,13 bij Quinn e.a. (1999). Volgens Cohen (1988) wordt de effectgrootte rond 0,40 'potentieel significant'. Dit betekent dat SVT het verstorende gedrag van agressieve kinderen aanzienlijk kan terugdringen. Dat geldt ook voor SCIP. De gemiddelde effectgrootte voor SCIP (0,50 na behandeling en 0,76 bij follow-up na 1 jaar) is middelmatig tot groot. SCIP vertoonde een positief effect op alle afhankelijke variabelen. Er was een toename in adequaat sociaal gedrag (MESSY, CBCL en TRF), sociaal-cognitieve vaardigheden (SCST en TOPS) en zelfcontrole (MFFT, SCRS en weekverslag) en een afname in agressief gedrag (TRA, TOPS, CBCL en TRF). De effectgrootte voor SCIP bleek bij follow-up groter dan na de behandeling. Dat is een interessant gegeven. Misschien wordt gedragsverandering in SVT vooral bereikt doordat de therapeut gebruikmaakt van extrinsieke bekrachtiging (fiches), terwijl het gedrag van het kind bij SCIP geleidelijk intrinsiek bekrachtigd raakt (bijv. door zelfcontroletechnieken), wat misschien resulteert in hogere scores bij follow-up na één jaar. Toekomstig onderzoek naar behandeluitkomsten zal deze mogelijkheid moeten bestuderen.

Op enkele afhankelijke maten had SCIP behandelingsspecifieke effecten. Een van deze maten, de Social Cognitive Skills Test, is zeer relevant voor de theoretische onderbouwing van SCIP. De resultaten wezen op significant grotere veranderingen tussen voor en na behandeling op de SCST in de SCIP-conditie. Dit betekent dat sociaal-cognitieve vaardigheden positief beïnvloed kunnen worden door een sociaal-cognitief interventieprogramma en wijst erop dat SCIP in aanleg een zinvol element is in een modulair behandelingspakket.

5.4.1 Beperkingen

Men dient te bedenken dat er een aantal beperkingen is:
1. Om ethische redenen was de WL-controlegroep vrij klein, zodat een krachtige vergelijking met de andere behandelgroepen niet mogelijk was.
2. In een aantal gevallen ontbraken er gegevens bij de meting na behandeling en vooral bij de follow-up na één jaar, omdat sommige ouders en leerkrachten ook na herhaalde verzoeken de beoordelingsschalen niet invulden; voor de analyse bij follow-up waren geen weekverslagen beschikbaar. Bij de follow-up na één jaar was er dus geen wekelijks contact meer met de respondenten en minder respons.
3. Hoewel het agressieve gedrag van de jongens die in deze studie waren opgenomen de overhand had op ander probleemgedrag, zijn de gegevens over mogelijke comorbiditeit met ander probleemgedrag zoals angst, depressie en ADHD niet volledig onderzocht. Gezien de hoge comorbiditeit van ODD/CD met ADHD is het een belangrijke beperking van dit onderzoek dat er geen informatie is over eventuele verschillen in werkzaamheid bij agressieve jongens met of zonder ADHD-kenmerken.

5.4.2 Klinische implicaties

Hoewel er bij de intake, tijdens de therapie en in de evaluatiefase talrijke contacten met ouders en leerkrachten waren, is SCIP in wezen een kindgerichte interventie. Er wordt van uitgegaan dat de veranderingen in het functioneren van het kind en de generalisering naar de sociale omgeving van het kind groter zullen zijn en langer zullen standhouden als de ouders ook therapie krijgen. Zo vonden Kazdin e.a. (1992) dat agressieve kinderen die een training in probleemoplossende vaardigheden kregen en wier ouders een Parent Management Training volgden, een grotere afname in agressief gedrag vertoonden dan kinderen die waren toegewezen aan een training in alleen probleemoplossende vaardigheden. Wij stellen voor dat toekomstig onderzoek ook kijkt naar de gecombineerde effecten van SCIP met Parent Management Training.

Het weekverslag in ons onderzoek kan misschien worden gezien als het instrument met de grootste klinische relevantie, maar heeft misschien ook gewerkt als een extra behandelelement. Het invullen van het weekverslag bleek te verlopen volgens de stappen van het zelfcontroleproces. Elke week moesten de agressieve jongens hun eigen gedrag doornemen op de vijf items van het weekverslag (zelfobservatie), hun gedrag beoordelen (zelfevaluatie) en zichzelf, afhankelijk van het resultaat, bevestigen (zelfbekrachtiging). Maar toekomstig onderzoek zal deze assumpties moeten toetsen. De effectgrootte van het weekverslag door kinderen, ouders en leerkrachten was middelmatig tot groot voor de SCIP-kinderen (resp. 0,76, 0,86 en 0,53) en (heel) klein tot matig voor de SVT-kinderen (resp. 0,37, 0,47 en 0,12). Het weekverslag dat in SCIP is gebruikt kan dan ook als een klinisch valide uitkomstmaat worden beschouwd.

Toekomstig onderzoek kan zich misschien richten op het vergroten van de therapeutische kracht van SCIP in de klinische praktijk. Dit kan op verschillende manieren worden bereikt: *a* door betrouwbare en valide maten voor alle fasen in Dodge's model van sociale informatieverwerking te ontwikkelen, *b* door verdere differentiatie aan te brengen in de emoties, cognities en gedragingen die kenmerkend zijn voor agressieve kinderen en deze kennis te integreren in het sociaal-cognitieve interventieprogramma, en ten slotte *c* door de behandelintegriteit van de sociaal-cognitieve interventie te verbeteren door de therapeut na elke sessie videofeedback te geven.

Gezien het multicausale en veelzijdige karakter van de problemen van agressieve kinderen is het veelbelovend dat SCIP blijkt bij te dragen aan het bevorderen van adequaat sociaal gedrag bij agressieve jongens.

Literatuur

- Achenbach, T. (1991), *Integrative Guide for the 1991 CBCL/4-18, YSR, and TRF Profiles.* Burlington: University of Vermont, Department of Psychiatry.
- Achenbach, T.M. & Edelbrock, C. (1991). *Manual for the child behavior checklist and revised child behavior profile.* Burlington, VT: University of Vermont, Department of Psychiatry.
- Achenbach, T.M. (1985). *Assessment and taxonomy of child and adolescent psychopathology.* Beverly Hills, CA: Sage.
- Akhtar, N. & Bradley, E.J. (1991). Social information processing deficits of aggressive children: present findings and implications for social skills training. *Clinical Psychology Review,* 11, 621-644.
- Alexander, J.F., Holtzworth-Munroe, A. & Jameson, P.B. (1994). The process and outcome of marital and family therapy research: Review and evaluation. In A.E. Bergin & S.L. Garfield (Eds.), *Handbook of psychotherapy and behavior change* (4th edn.), 595-630. New York: Wiley & Sons.
- American Psychiatric Association (APA) (1994). Diagnostic and Statistical Manual of mental disorders, DSM IV (fourth edition). Washington DC: APA.
- Badal, C., Gerris, J. & Oppenheimer, L. (1976). *Social-cognitive operations and their task-operationalizations: A conceptual analysis.* Nijmegen: Psychologisch laboratorium.
- Baldwin, S.A., Murray, D.M. & Shadish, W.R. (2005). Empirically supported treatments or type I errors? Problems with the analysis of data from group-administered treatments. *Journal of Consulting and Clinical Psychology,* 73 (5), 924-935.
- Barkley, R.A. (1998). *Opstandige kinderen.* Lisse: Swets & Zeitlinger.
- Baron, R.M. & Kenny, D.A. (1986). The moderator-mediator variable distinction in social psychological research: Conceptual, strategic, and statistical considerations. *Journal of Personality and Social Psychology,* 51, 1173-1182.
- Bennett, D. & Gibbons, T. (2000), Efficacy of child-behavioral interventions for antisocial behavior: a meta-analysis. *Child & Family Behavior Therapy,* 22:1-15.
- Blonk, R.B., Prins, P.J.M. & Sergeant, J.A. (1993). Validation of the Matson Evaluation of Social Skills with Youngsters (MESSY). Poster presented at Annual Congres of the Society for Research in Children and Adolescent Psychopathology. Santa Fe, New Mexico (USA).
- Boyatzis, C.J. & Varghese, R. (1994). Children's emotional associations with colours. *Journal of Genetic Psychology,* 155 (1), 77-85.
- Brestan, E.V. & Eyberg, S.M. (1998). Effective psychosocial treatments of conduct-disordered children and adolescents: 29 years, 82 studies, and 5,272 kids. *Journal of Clinical Child Psychology,* 27:180-189.
- Brown, K., Atkins, M.S., Osborne, M.L. & Milnamow, M. (1996). A revised teacher rating scale for reactive and proactive aggression. *Journal of Abnormal Child Psychology,* 24, 473-480.

- Burke, J., Loeber, R. & Birmaher, M. (2002). Oppositional defiant disorder and conduct disorder: a review of the past 10 years, part II. *Journal of the American Academy of Child & Adolescent Psychiatry*, 41:1275-1293.
- Cairns, R.B., & Cairns, B.D. (1991). Social cognition and social networks: a developmental perspective. In: D.J. Pepler & K.H. Rubin (Eds.), *The development and treatment of childhood aggression* (pp. 249-278). Hillsdale, NJ: Erlbaum.
- Camp, B.W. & Bash, M.S. (1981). *Think aloud: Increasing social cognitive skills – A problem-solving program for children*. Champaign, IL: Research Press.
- Christopher, J.S., Hansen, D.J. & MacMillan, V.M. (1991). Effectiveness of a peer-helper intervention to increase children's social interactions: Generalization, maintenance, and social validity. *Behavior Modification*, 15, 22-50.
- Cohen, J. (1988). *Statistical power analysis for the behavioral sciences* (2nd ed.). Hillsdale, NJ: Erlbaum.
- Coie, J. & Dodge, K.A. (1998). Aggression and antisocial behavior. In: N. Eisenberg (Ed.), *Handbook of child psychology* (5th edition), Vol. 3. Social, emotional and personality development (pp. 779-862). New York: Wiley & Sons.
- Coleman, N., Hare, D.J., Farrell, P. & Van Manen, T.G. *Evaluation of the Social Cognitive Skills Test with children with autistic spectrum disorders*. Submitted for publication.
- Conduct Problems Prevention Research Group (CPPRG) (1992). A developmental and clinical model for the prevention of conduct disorder: The Fast Track Program. *Development and Psychopathology*, 4, 509-527.
- Crick, N.R. & Dodge, K.A. (1994). A review and reformulation of social information-processing mechanisms in children's social adjustment. *Psychological Bulletin*, 115, 74-101.
- Cuperus, J.M. (1997). *Sociale probleemoplossing bij kinderen met gedragsstoornissen (Social problem-solving of children with conduct disorder)*. Utrecht: Universiteit Utrecht, Faculteit Geneeskunde.
- Cutrona, C.E. & Feshbach, S. (1979). Cognitive and behavioral correlates of children's differential use of social information. *Child Development*, 50, 1036-1042.
- Damon, W. (1980). Patterns of change in children's social reasoning: A two-year longitudinal study. *Child Development*, 51, 1010-1017.
- Day, D.M., Bream, L.A., & Pal, A. (1992). Proactive and Reactive Aggression: An Analysis of Subtypes Based on Teacher Perceptions. *Journal of Clinical Child Psychology*, 21,3, 210-217.
- Dishion, T.J. & Dodge, K.A. (2005). Peer contagion. *Journal of Abnormal Child Psychology*, 3, 255-400.
- Dishion, T.J. (2005). Cognitive group therapy for aggressive boys. *Journal of the American Academy of Child and Adolescent Psychiatry*, 44, 844-845.
- Dishion, T.J., McCord, J. & Poulin, F. (1999). When interventions harm: Peer groups and problem behavior. *American Psychologist*, 54, 755-764.
- Dodge, K.A. & Coie, J.D. (1987). Social-information processing factors in reactive and proactive aggression in children's peer groups. *Journal of Personality and Social Psychology*, 53, 1146-1158.

- Dodge, K.A. & Petit, G.S. (2003). A biopsychosocial model of the development of chronic conduct problems in adolescence. *Developmental Psychology*, 39, 349-371.
- Dodge, K.A. & Rabiner, D.L. (2004). Returning to roots: On social information processing and moral development. *Child Development*, 75, 1003-1008.
- Dodge, K.A. & Tomlin, A. (1987). Cue-utilization as a mechanism of attributional bias in aggressive children. *Social Cognition*, 5, 280-300.
- Dodge, K.A. (1985). Attributional bias in aggressive children. In: P.C. Kendall (Ed.), *Advances in cognitive-behavioral research and therapy*, Vol. 4, 73-110. Orlando: Academic press.
- Dodge, K.A. (1986). A social information processing model of social competence in children. In: M. Perlmutter (Ed.), *Minnesota symposia on child psychology*. Hillsdale, NJ: Erlbaum.
- Dodge, K.A. (1991). The structure and function of reactive and proactive aggression. In: D.J. Pepler & K.H. Rubin (Eds.), *The development and treatment of childhood aggression* (pp. 201-218). Hillsdale, NJ: Erlbaum.
- Dodge, K.A. (1993). Social-cognitive mechanisms in the development of conduct disorder and depression. *Annual Review of Psychology*, 44, 559-584.
- Dodge, K.A. Coie, J.D. & Brakke, N.P. (1982). Behavior patterns of socially rejected and neglected preadolescents: the roles of social approach and aggression. *Journal of Abnormal Child Psychology*, 18, 389-409.
- Dodge, K.A., Lansford, J.E., Salzer Burks, V., Bates, J.E., Pettit, G.S., Fontaine, R. & Price, J.M. (2003). Peer rejection and social information-processing factors in the development of aggressive behavior problems in children. *Child Development*, 74, 374-393.
- Dodge, K.A., Lochman, J.E., Harnish, J.D., Bates, J.E. & Petit, G.S. (1997). Reactive and proactive aggression in school children and psychiatrically impaired chronically assaultive youth. *Journal of Abnormal Psychology*, 106, 1, 37-51.
- Dodge, K.A., McClaskey, C.L. & Feldman, E. (1985). A situational approach to the assessment of social competence in children. *Journal of Consulting and Clinical Psychology*, 53, 344-353.
- Dodge, K.A., Murphy, R.R. & Buchsbaum, K. (1984). The assessment of intention-cue detection skills in children: implications for developmental psychopathology. *Child Development*, 55, 163-173.
- Durlak, J., Rubin, L. & Kahng, R. (2001). Cognitive behavioral therapy for children and adolescents with externalizing problems. *Journal of Cognitive Psychotherapy*, 15:183-194.
- Durlak, J.A., Fuhrman, T. & Lampman, C. (1991). Effectiveness of cognitive-behavior therapy for maladapting children: A meta-analysis. *Psychological Bulletin*, 110, 204-214.
- Eisenberg, N., Fabes, R.A., Shepard, S.A., Murphy, B.C., Guthrie, I.K., Jones, S., Friedman, J., Poulin, R. & Maszk, P. (1997). Contemporaneous and longitudinal prediction of children's social functioning from regulation and emotionality. *Child Development*, 68, 642-664.
- Farmer, E., Compton, S., Burns, B. & Robertson, E. (2002). Review of the evidence

- base for treatment of childhood psychopathology: externalizing disorders. *Journal of Consulting and Clinical Psychology*, 70:1267-1302.
- Farrington, D.P. & West, D.J. (1990). The Cambridge study in delinquent development: A long-term follow-up of 411 males. In: G. Kaiser & H.J. Kerner (Eds.), *Criminality: personality, behaviour, life history*. Berlin: Springer.
- Feindler, E.L. (1991). Cognitive strategies in anger control interventions for children and adolescents. In: P.C. Kendall (Ed.), *Child and adolescent therapy: Cognitive-behavioral procedures* (pp. 66-97). New York: Guilford.
- Ferwerda, H.B., Jakobs, J.P. & Beke, B.M.W.A. (1996). *Signalen voor toekomstig crimineel gedrag*. Den Haag: Ministerie van Justitie.
- Fink, A.E. & McCown, W.G. (1993). Impulsivity in children and adolescents: Measurement, causes, and treatment. In: W.C. McCown, J.L. Johnson & M.B. Shure, *The impulsive client: Theory, research and treatment* (pp. 279-308). APA.
- Flavell, J.H. (1985). Cognitive development. *New Jersey: Prentice Hall*.
- Flavell, J.H., Botkin, P., Fry, C., Wright, J. & Jarvis, P. (1968). *The development of role-taking and communication skills in children*. New York: Wiley.
- Gageldonk, A. van & Bartels, A.A.J. (1991). Evaluatie-onderzoek in de jeugdhulpverlening. *Kind en Adolescent*, 12, 1-18.
- Gerris, J.R.M. (1981). *Onderwijs en sociale ontwikkeling*. Lisse: Swets & Zeitlinger.
- Gerris, J.R.M., Jansen, F.J. & Badal, C.R. (1980). *Denken over jezelf en de ander*. Den Bosch: Malmberg.
- Goldfried, M.R. & d'Zurilla, T.J. (1969). A behavioral-analytic model for assessing competence. In: C.D. Spielberger (Ed.), *Current topics in clinical and community psychology*, 1, 151-196. New York: Academic Press.
- Grave, J. & Blissett, J. (2004). Is cognitive behavior therapy developmental appropriate for young children? A critical review of the evidence. *Clinical Psychological Review*, 24, 399-420.
- Groenendaal, H., Meijer, R., Veerman, J.W. & Wit, J. de (red.) (1987). *Protectieve factoren in de ontwikkeling van kinderen en adolescenten*. Lisse: Swets & Zeitlinger.
- Guevremont, D.C. & Foster, S.L. (1993). Impact of social problem-solving training on aggressive boys: skill acquisition, behavior change, and generalization. *Journal of Abnormal Child Psychology*, 21, 1, 13-27.
- Hayes, J. (1981). *The complete problem solver*. Philadelphia: The Franklin Institute Press.
- Henggeler, S.W., Schoenwald, S.K., Borduin, C.M., Rowland, M.D. & Cunningham, P.B. (1998). *Multisystemic treatment of antisocial behavior in children and adolescents*. New York: Guilford Press.
- Hudley, C. & Graham, S. (1993). An attributional intervention to reduce peer-directed aggression among African-American boys. *Child Development*, 64, 124-138.
- Hudley, C. (2003). Cognitive-behavioral intervention for childhood aggression. In: M.P. Mattson (Ed), *Neurobiology of aggression: Understanding and preventing violence* (pp. 275-288). Totowa, NJ: Humana Press.
- Hughes, J.N., Hart, M.T. & Grossman, P.B. (1993). *Development and validation of an interview measure of social cognitive skills*. Paper presented at annual meeting of the

American Psychological Association, Toronto.
- Hughes, J.N., Meehan, B.T. & Cavell, T.A. (2004). *Development and validation of a gender-balanced measure of aggression-relevant social cognition*. Journal of Clinical Child and Adolescent Psychology, 33, 292-302.
- Junger-Tas, J. (1996). *Jeugd en Gezin*. Den Haag: Ministerie van Justitie.
- Kagan, J., Rosman, B.L., Day, D., Albert, J. & Phillips, W. (1964). Information processing in the child: Significance of analytic and reflective attitudes. *Psychological Monographs*, 78 (themanummer).
- Kaminer, Y. (2005). Cognitive group therapy for aggressive boys. *Journal of the American Academy of Child and Adolescent Psychiatry*, 44, 843.
- Kanfer, F.H. (1977). The many faces of self-control, or behavior modification changes its focus. In: R.B. Stuart (Ed.), *Behavioral self-management. Strategies, techniques and outcomes*. New York: Brunner/Mazel.
- Karniol, G. (1978). Children's use of intention cues in evaluating behavior. *Psychological Bulletin*, 85, 76-85.
- Kasius, M.C. (1997). *Interviewing children* (proefschrift). Rotterdam: Erasmus Universiteit.
- Kazdin, A., Siegel, T. & Bass, D. (1992). Cognitive problem-solving skills training and parent management training in the treatment of antisocial behavior in children. *Journal of Consulting and Clinical Psychology*, 60:733-747.
- Kazdin, A.E. (1985). *Treatment of antisocial behavior in children and adolescents*. Homewood, IL: Dorsey Press.
- Kazdin, A.E. (1987). *Treatment of antisocial behavior in children: current status and future directions*. Psychological Bulletin, 102, 187-203.
- Kazdin, A.E. (1993). Psychotherapy for children and adolescents. Current progress and future research directions. *American Psychologist*, 48, 644-657.
- Kazdin, A.E. (1995). *Conduct disorders in childhood and adolescence (second edition)*. Thousand Oaks: Sage.
- Kazdin, A.E. (1997). Practitioner review: Psychosocial treatments for conduct disorder in children. *Journal for Child Psychology and Psychiatry*, 38, 161-178.
- Kazdin, A.E., Esveldt-Dawson, K., French, N.H. & Unis, A.S. (1987). Problemsolving skills training and relationship therapy in the treatment of antisocial child behavior. *Journal of Consulting and Clinical Psychology*, 55, 76-85.
- Kellam, S.G., Rebok, G.W., Ialongo, N. & Mayer, L.S. (1994). The course and malleability of aggressive behavior from early first grade into middle school: Results of a developmental epidemiologically-based preventive trial. *Journal of Child Psychology and Psychiatry*, 35, 259-281.
- Kendall, P.C. & Braswell, L. (1993). *Cognitive behavioral therapy for impulsive children*. 2nd ed. New York: The Guilford Press.
- Kendall, P.C. & Lochman, J.E. (1994). Cognitive-behavioural therapies. In: M. Rutter, E. Taylor & L. Herson (Eds.), *Child and adolescent psychiatry, third edition*. Oxford: Blackwell.
- Kendall, P.C. & Wilcox, L.E. (1979). Self-control in children: Development of a rating

scale. *Journal of Consulting and Clinical Psychology,* 47, 1020-1029.
- Kendall, P.C. (2000). Guiding theory for therapy with children and adolescents. In: P.C. Kendall (Ed.), *Child & adolescent therapy. Cognitive-behavioral procedures.* (2nd edition; pp. 3-31). New York: Guilford Press.
- Kendall, P.C., Ronan, K.R. & Epps, J. (1991). Aggression in children/adolescents: Cognitive behavioral treatment perspectives. In: D. Pepler & K. Rubin (Eds.), *The development and treatment of childhood aggression* (pp. 341-360). Hillsdale, NJ: Erlbaum.
- Kendall, P.C., Zupan, B.A. & Braswell, L. (1981). Self-control in children: Further analysis of the Self-Control Rating Scale. *Behavior Therapy,* 12, 667-681.
- Kohlberg, L. (1968). Moral development. *Child Development,* 62, 277-332.
- Koops, W. & Slot, W. (1998). *Van lastig tot misdadig.* Houten/Diegem: Bohn Stafleu Van Loghum.
- Lemerise, E. & Arsenio, W. (2000). An integrated model of emotion processes and cognition in social information processing. *Child Development,* 71:107-118.
- Lieshout, C. van & Haselager, G. (1995). Probleemgedrag in het perspectief van ontwikkeling. In: A. Collot d'Escury, T. Engelen-Snaterse, E. Mackaay-Cramer (Eds.), *Sociale vaardigheidstrainingen voor kinderen.* Swets & Zeitlinger, Lisse.
- Lochman J.E. & The Conduct Problems Prevention Research Group (1995). Screening of child behavior problems for prevention programs at school entry. *Journal of Consulting and Clinical Psychology,* 63, 549-559.
- Lochman, J.E. & Lampron, L.B. (1986). Situational social problem-solving skills and self esteem of aggressive and nonaggressive boys. *Journal of Abnormal Child Psychology,* 14, 605-617.
- Lochman, J.E. & Lenhart, L. (1995). Cognitive behavioral therapy of aggressive children. In: H.P.J.G. van Bilsen e.a. (Eds.), *Behavioral approaches for children and adolescents* (pp. 145-166). New York: Plenum Press.
- Lochman, J.E. (1992). Cognitive-behavioral intervention with aggressive boys: three year follow-up and preventive effects. *Journal of Consulting and Clinical Psychology,* 60, 426-432.
- Lochman, J.E., White, K.J. & Wayland, K.K. (1991). Cognitive-behavioral assessment and treatment with aggressive children. In: P.C. Kendall (Ed.), *Child & adolescent therapy: Cognitive-behavioral procedures* (pp. 25-66). New York: Guilford.
- Loeber, R. (1982). The stability of antisocial and delinquent child behavior: A review. *Child Development,* 53, 1431-1446.
- MacFarlane, J.W., Allen, L. & Honzik, M.P. (1954). *A developmental study of the behavior problems of normal children between 21 months and 14 years.* Berkeley: University of California Press.
- Mahoney, J.L., Stattin, H. & Lord, H. (2004). Unstructured youth recreation centre participation and antisocial behaviour development: Selection influences and the moderating role of antisocial peers. *International Journal of Behavioral Development,* 28, 553-560.
- Manen, T.G. van & Prins, P.J.M. (1998). Antisociaal gedrag bij kinderen en adolescenten. In: W.T.A.M. Everaerd (red.), *Handboek klinische psychologie* (D3000, pp. 1-29).

Houten/Diegem: Bohn Stafleu Van Loghum.
- Manen, T.G. van (1996). Sorgdrager moet de daad bij haar juiste analyse voegen. *De Volkskrant*, 29-10-1996, p. 9.
- Manen, T.G. van (1999). *Sociale vaardigheden programma voor gedragsgestoorde kinderen*. Hilversum: Eigen Beheer.
- Manen, T.G. van (2001). *Zelfcontrole*. Houten: Bohn Stafleu Van Loghum.
- Manen, T.G. van, Peeters, J.D. & Ultee, C.A. (1980). Stelen, bezien vanuit impulsiviteit versus reflectiviteit. *Kinder- en jeugdpsychotherapie*, 65, 3-28.
- Manen, T.G. van, Prins, P. & Emmelkamp, P. (2001). Assessing social cognitive skills in aggressive children from a developmental perspective: The Social Cognitive Skills Test. *Clinical Psychology and Psychotherapy*, 8:341-352.
- Manen, T.G. van, Prins, P.J.M. & Emmelkamp, P.M.G. (1999). Een sociaal cognitief interventieprogramma voor gedragsgestoorde kinderen, een vooronderzoek. *Gedragstherapie*, 32, 33-56.
- Manen, T.G. van, Prins, P.J.M. & Emmelkamp, P.M.G. (2004). Reducing aggressive behavior in boys with a social cognitive group treatment: results of a randomized controlled trial. *Journal of the American Academy of Child and Adolescent Psychiatry*, 43, 1478-1487.
- Manen, T.G. van, Prins, P.J.M. & Emmelkamp, P.M.G. (2005). Cognitive group therapy for aggressive boys. *Journal of the American Academy of Child and Adolescent Psychiatry*, 44, 843-844.
- Manen, T.G. van, Prins, P.J.M. & Emmelkamp, P.M.G. (2007). *Sociaal Cognitieve Vaardigheden Test (SCVT). Handleiding*. Houten: Bohn Stafleu VanLoghum.
- Matson, J.L., Rotatori, A. & Helsel, W.J. (1983). Development of a rating scale to measure social skills in children: The Matson Evaluation of Social Skills with Youngsters (MESSY). *Behavior Research and Therapy*, 21, 335-340.
- McConaughy, S.H. & Achenbach, T.M. (1994). *Manual for the semistructured clinical interview for children and adolescents*. Burlington: Department of Psychiatry, University of Vermont.
- Moskowitz, D.S., Schwartzman, A.E. & Ledingham, J.E. (1985). Stability and change in aggression and withdrawal in middle childhood and early adolescence. *Journal of Abnormal Psychology*, 94, 30-41.
- Muris, P., Meesters, C., Vincken, M. & Eijkelenboom, A. (2005). Reducing children's aggressive and oppositional behaviors in the schools: Preliminary results on the effectiveness of a social-cognitive group intervention program. *Child and Family Behavior Therapy*, 1, 17-32.
- Newell, A. & Simon, H. (1972). *Human problem solving*. Prentice-Hall, Englewood Cliffs: New Jersey.
- Nock, M.K. (2003). Progress review of the psychosocial treatment of child conduct problems. *Clinical Psychology: Science and Practice*, 10, 1-28.
- Offord, D.R. & Bennett, K.J. (1994). Conduct disorder: Longterm outcomes and intervention effectiveness. *Journal of the American Academy of Child & Adolescent Psychiatry*, 33, 1069-1078.

- Ollendick, T.H. (1996). Violence in youth: where do we go from here? *Behavior therapy's response*. Behavior Therapy, 27, 485-514.
- Ollendick, T.H., Grills, A.E. & King, N.J. (2001). Applying developmental theory to the assessment and treatment of childhood disorders: does it make a difference? *Clinical Psychology and Psychotherapy*, 8, 304-314.
- Olweus, D. (1979). Stability of aggressive reaction patterns in males: A review. *Psychological Bulletin*, 86, 852-875.
- Olweus, D. (1994). Bullying at school: Basic facts and effects of a school based intervention program. *Journal of Child Psychology and Psychiatry*, 35, 1171-1190.
- Oost, P. van, Braem, M., DeRuyck, H. & Mommerency, G. (1989). *Bevorderen van sociale competentie bij kinderen*. Leuven/Amersfoort: Acco.
- Orobio de Castro, B., Veerman, J.W., Koops, W., Bosch, J.D. & Monshouwer, H.J. (2002). Hostile attribution of intent and aggressive behavior: A meta-analysis. *Child Development*, 73, 916-934.
- Patterson, G.R., Reid, J.B. & Dishion, T.J. (1992). *Antisocial boys*. Eugene, OR: Castalia.
- Pelham, W., Wheeler, T. & Chronis, A. (1998). Empirically supported psychosocial treatments for ADHD. *Journal of Clinical Child Psychology*, 27:190-206.
- Pepler, D.J., King, G., & Byrd, W. (1991). A social-cognitively based social skills training program for aggressive children. In: D.J. Pepler & K.H. Rubin (Eds.), *The development and treatment of childhood aggression* (pp. 361-379). Erlbaum: Hillsdale, NJ.
- Perry, D.G., Perry, L.C. & Rasmussen, P. (1986). Cognitive social learning mediators of aggression. *Child Development*, 57, 700-711.
- Posner, M.I. & Rothbart, M.K. (2000). Developing mechanisms of self-regulation. *Development and Psychopathology*, 12, 427-441.
- Poulin, F. & Boivin, M. (2000). Reactive and proactive aggression: Evidence of a two-factor model. *Psychological Assessment*, 12 (2), 115-123.
- Price, J.M. & Dodge, K.A. (1989). Reactive and proactive aggression in childhood: Relations to peer status and social context dimensions. *Journal of Abnormal Child Psychology*, 17, 455-471.
- Prins, P.J.M. & Scholing, A. (2001). Emerging trends in the assessment and treatment of childhood disorders: a special issue. *Clinical Psychology and Psychotherapy*, 8, 301-303.
- Prins, P.J.M. & Van Manen, T.G. (2005). Social cognition in children and youth. In: A. Freeman, S. Felgoise, A. Nezu, C. Nezu & M. Reinecke (Eds.), *Encyclopedia of Cognitive Behavior Therapy*. New York: Springer.
- Prins, P.J.M. (1994). Gedragsstoornissen bij kinderen: conceptualisering en behandeling. *Gedragstherapie*, 3, 187-215.
- Prins, P.J.M. (1995a). Kleine mythologie van effectieve kinderpsychotherapie. *Tijdschrift voor Psychotherapie*, 21, 524-527.
- Prins, P.J.M. (1995b). Sociale vaardigheidstraining bij kinderen in de basisschoolleeftijd; programma's effectiviteit en indicatiestelling. In: A. Collot d'Escury, T. Engelen-Snaterse & E. Mackaay-Cramer (red.), *Sociale vaardigheidstrainingen voor kinderen* (pp. 65-83). Lisse: Swets & Zeitlinger.

- Quinn, M., Kavale, K., Mathur, S., Rutherford, Jr. R. & Forness, S. (1999). A meta-analysis of social skill interventions for students with emotional or behavioral disorders. *Journal of Emotional Behavior Disorders*, 7:54-64.
- Reid, J.B. & Patterson, G.R. (1989). The development of antisocial behavior patterns in childhood and adolescence. *European Journal of Personality*, 2, 107-120.
- Reid, J.B. (1993). Prevention of conduct disorder before and after school entry: Relating interventions to developmental findings. *Developmental Psychopathology*, 5, 243-262.
- Robin, A.L., Fischel, J.E. & Brown, K.E. (1984). The measurement of self-control in children: Validation of the Self-Control Rating Scale. *Journal of Pediatric Psychology*, 9, 165-175.
- Robins, L.N. (1991). Conduct disorder. *Journal of Child Psychology and Psychiatry*, 32, 193-212.
- Rubin, K.H., Bream, L.A. & Rose-Krasnor, L. (1991). Social problem solving and aggression in childhood. In: D.J. Pepler & K.H. Rubin (Eds.), *The development and treatment of childhood aggression* (pp. 219-248). Hillsdale, NJ: Erlbaum.
- Schneider, D.J. (1991). Social cognition. *Annual Review of Psychology*, 42, 527-561.
- Selman, R. (1977). A structural-developmental model of social cognition; Implications for intervention research. *The Counseling Psychologist*, 6, 4, 3-6.
- Selman, R.L. & Byrne, D.F. (1974). A structural developmental analysis of levels of role-taking in middle childhood. *Child Development*, 45, 803-806.
- Selman, R.L. (1980). *The growth of interpersonal understanding*. New York: Academic Press.
- Selman, R.L. (2003). *The promotion of social awareness*. New York: Academic Press, Inc.
- Shantz, C.U. (1983). Social cognition. In: P.H. Mussen (Ed.), *Handbook of child psychology. Vol. 3: Cognitive development* (pp. 485-555). New York: Wiley.
- Shechtman, Z. (2004). The relation of client behavior and therapist helping skills to reduced aggression of boys in individual and group treatment. *International Journal of Group Psychotherapy*, 54: 435-454.
- Shure, M.B. (1992). *I can problem solve (ICPS): an interpersonal cognitive problem solving program (preschool)*. Campaign, IL: Research Press.
- Slaby, R.G. & Guerra, N.G. (1988). Cognitive mediators of aggression in adolescent offenders: I. Assessment. *Developmental Psychology*, 24, 4, 580-588.
- Slot, N.W. (1995). De huidige stand van zaken ten aanzien van kinder- en adolescentenpsychotherapie. Waar dient het onderzoek zich op te richten? *Literatuurselectie kinderen en adolescenten*, 2, 107-110.
- Sobel, M.E. (1988). Direct and indirect effects in linear structural equation models. In: J.S. Long (Ed.), *Common problems/proper solutions: Avoiding error in quantitative research* (pp. 46-64). Beverly Hills, CA: Sage.
- Spence, S.H. (1994). Cognitive therapy with children and adolescents: From theory to practice. *Journal of Child Psychology and Psychiatry*, 35, 1191-1228.
- Spivack, G., Platt J.J., Shure M.B. (1976). *The problem-solving approach to adjustment*. London: Jossey-Bass Publishers.

- Stouthamer-Loeber, M. & Loeber R. (1986). Boys who lie. *Journal of Abnormal Child Psychology*, 14, 551-564.
- Sukhodolsky, D.G., Kassinove, H. & Gorman, B.S. (2004). Cognitive-behavioral therapy for anger in children and adolescents: A meta-analysis. *Aggression and Violent Behavior*, 9, 247-269.
- Touchet, M.E., Shure, M.B. & McCown, W.G. (1993). Interpersonal cognitive problem solving as prevention and treatment of impulsive behaviors. In: W.C. McCown, J.L. Johnson & M.B. Shure (Eds.), *The impulsive client: theory, research and treatment* (pp. 387-404). Washington: APA.
- Vandersteene, G., Van Haassen, P., De Bruyn, E., Coetsier, P., Pijl, Y., Poortinga, Y., Lutje Spelberg, H., Spoelders-Claes, R. & Stinissen, J. (1986). WISC-R, *Wechsler intelligence scale for children-revised. Nederlandse uitgave*. Lisse: Swets & Zeitlinger BV.
- Verbout, M. & Zaal, H. (1989). *Wat is mijn probleem? Cognitief gedragstherapeutische groepsbehandeling van interpersoonlijke problemen bij kinderen in het basisonderwijs* (doctoraalscriptie). Leiden: Rijksuniversiteit.
- Verhulst, F.C. (1985). *Mental health in Dutch children: An epidemiological study* (proefschrift). Rotterdam: Erasmus Universiteit.
- Verhulst, F.C. (1994). Gedragsstoornissen. In: F.C. Verhulst (red.), *Inleiding in de kinder- en jeugdpsychiatrie*. Assen: Van Gorcum.
- Verhulst, F.C., Ende, J. van der & Koot, H.M. (1996). *Handleiding voor de CBCL/4-18*. Rotterdam: Erasmus Universiteit.
- Vincken, M., Eijkelenboom, A., Muris, P. & Meesters, C. (2004). 'Zelfcontrole': Een effectief interventieprogramma voor kinderen met agressief en oppositioneel gedrag. *Kind en Adolescent Praktijk*, 1: 17-23.
- Vitaro, F., Brendgren, M. & Tremblay, R.E. (2002). Reactively and proactively aggressive children: antecedent and subsequent characteristics. *Journal of Child Psychology and Psychiatry*, 43 (2), 495-505.
- Vitaro, F., Gendreau, P.L., Tremblay, R.E. & Oligny, P. (1998). Reactive and proactive aggression differentially predict later conduct problems. *Journal of Child Psychology and Psychiatry and Allied Disciplines*, 39, 377-385.
- Vitiello, B. & Stoff, D.M. (1997). Subtypes of aggression and their relevance to child psychiatry. *Journal of the American Academy of Child and Adolescent Psychiatry*, 36 (3), 307-315.
- Walden, T. & Ogan, T. (1988). The development of social referencing. *Child Development*, 59, 1230-1240.
- Webster-Stratton, C. & Hammond, M. (1997). Treating children with early-onset conduct problems: A comparison of child and parent training interventions. *Journal of Consulting and Clinical Psychology*, 65, 93-109.
- Wechsler, D. (1974), *Manual for the Wechsler intelligence scale for children-revised (WISC-R)*. New York: Psychological Corporation
- Weersing, V.R. & Weisz, J.R. (2002). Mechanisms of action in youth psychotherapy. *Journal of Child Psychology and Psychiatry*, 43, 3-29.
- Weisz, J.R. & Weiss, B. (1993). *Effects of psychotherapy with children and adolescents*.

Newbury Park: Sage.
- Winkel, B. van de (1986). *De self-control ratingscale: Een meetinstrument voor zelfcontrole/impulsiviteit.* Nijmegen: Instituut voor Orthopedagogiek.
- Yoon, J., Hughes, J., Gaur, A. & Thompson, B. (1999). Social cognition in aggressive children: a meta-analytic review. *Cognitive Behavior Practice*, 6:320-331.

D.1 Theoretisch referentiekader en praktische uitleg

Deel 2 Handleiding en bijlagen

6 Handleiding

6.1 Aandachtspunten
- Laat de behandeling niet aan het einde van de week plaatsvinden: de kinderen kunnen zich dan minder goed concentreren en zijn daardoor onrustiger.
- Zorg ervoor dat de zitting niet direct na schooltijd plaatsvindt. Op school hebben de kinderen zich de hele dag moeten beheersen. Voor ze naar de groep komen, moeten ze even de spanningen van school afreageren. Het gunstigste tijdstip lijkt woensdagmiddag van 13.30 tot 14.40 uur of anders 's middags onder schooltijd: maandag of dinsdag 14.00 uur tot 15.10 uur.
- Neem de zitting voor aanvang door en verdeel de taken. Spreek af wie bij welke oefening de leiding heeft en wie bij welke oefening ondersteunt, observeert en de kinderen meer individueel begeleidt. Beslis zelf over het wel of niet inlassen van een korte pauze.
- De tijdsaanduidingen bij elk onderdeel van de zittingen zijn bedoeld als een indicatie voor de benodigde tijd en als richtlijn en houvast voor de therapeut. Elke zitting duurt ongeveer 70 minuten. Wanneer er tijd is voor een extra oefening, zijn er in de bijlagen reserveoefeningen te vinden.
- Tijd is tijd voor de kinderen. Is het om drie uur afgelopen, dan staan ze bij wijze van spreken om drie uur bij de deur om weg te gaan. Het doet er niet toe waarmee je bezig bent. Houd daarom de tijd goed in de gaten en blijf binnen de tijd die van tevoren is afgesproken.
- Laat de kinderen voor aanvang van elke zitting de weekverslagen invullen. Laat de kinderen bijvoorbeeld één voor één naar de groepskamer gaan om het daar in te vullen. Door dit te doen, staan de kinderen even stil bij de redenen voor deelname aan de groep en de werkpunten voor verandering van hun gedrag. Het dient ook ter bevordering van hun probleembesef.
- Met een groepje van vier kinderen kunnen geregeld oefeningen worden gedaan in de vorm van twee kinderen met één therapeut.
- Wanneer een kind er vijf minuten na het begin van de groep zonder bericht niet is, bel dan naar huis of school opdat het kind alsnog zo snel mogelijk komt. Het is goed om dit van tevoren met de ouders of de leerkracht af te spreken.
- Moedig de kinderen veelvuldig aan en bekrachtig positief gedrag. Waak er wel voor dat dit op verschillende wijzen gebeurt, omdat er anders verzadiging optreedt. Let erop de kinderen niet te straffen, plagen of uitdagen. Dit maken de kinderen immers maar al te vaak mee in de dagelijkse omgang met volwassenen en leeftijdgenootjes. Alleen als een kind zeer storend gedrag vertoont,

kan het een goede oplossing zijn om het even (1 à 2 minuten) op een stoel apart te zetten in de therapiekamer (time-out). Meld de time-outmogelijkheid in zitting 1. Houd er in het algemeen de vaart in tijdens de zittingen. Dat en een goed gestructureerd programma geven minder risico op verveling of storend gedrag.
- Niet alleen voor ouders maar ook voor therapeuten geldt: reageer niet extreem in belonende noch in bestraffende zin. Het overtreden van een verzoek, gebod of regel moet in verhouding staan tot de straf. Laat bijvoorbeeld niet een kind een week lang binnen omdat het zijn kamer niet heeft opgeruimd. Sommige gedragsgestoorde kinderen zijn goed in het uitlokken van straf of afwijzing om zodoende bevestiging te krijgen het 'vervelende' kind te zijn. Een extreem jubelende reactie op een stap in het leerproces maakt dat het kind als een volgende stap mislukt kan denken 'wel iets heel erg fout te hebben gedaan' of juist 'mijn beloning heb ik binnen; ik hoef niet meer zo nodig mijn best te doen'. Gewone aanmoedigingen werken het best; eventueel met een expliciete omschrijving ervoor.
- Waarschijnlijk ten overvloede: het werken aan verandering en bewustwording van gevoelens, gedachten, gedrag en de gevolgen van gedrag zal in het begin onzekerheid teweegbrengen bij het kind. Het is goed dat het kind, de ouders en de leerkracht hiervan op de hoogte zijn. En het is goed als ouders, leerkracht en therapeut hiervoor begrip en acceptatie tonen.

6.2 Het groepsproces

Elke groep maakt bepaalde fasen door. In de literatuur over groepsprocessen worden vele fasen onderscheiden, die in elkaar overlopen of elkaar overlappen. Er bestaat geen eenduidigheid in de terminologie. Wat in ieder geval wel gezegd kan worden, is dat er sprake is van een beginfase, middenfase en eindfase.

Het sociaal-cognitieve interventieprogramma 'Zelfcontrole' heeft specifieke kenmerken voor een groepsbehandeling. Het is een kortdurend programma van elf zittingen met een kleine therapiegroep van vier kinderen. De zittingen duren maximaal 70 minuten. Van uitgebreide therapieprocessen met terugkerende thema's in verschillende gedaanten kunnen we niet spreken.

Met de problematiek van de agressieve kinderen en hun ervaring met groepen moet rekening gehouden worden om deze groepsbehandeling een succesvolle groepservaring voor hen te laten worden. Tevens moet erop gelet worden dat de motivatie voor verandering levend blijft tijdens de behandeling. Daarom wordt de kinderen een goed geolied programma aangeboden, waarin weinig ruimte is voor afleiding of verveling. Op deze manier worden het uitdagen van elkaar en het ontstaan van conflicten tot een minimum beperkt.

Uiteraard speelt de therapeut hierin een bepalende rol. Hij geeft leiding en structuur en bepaalt wat wel en niet gebeurt. Zo zorgt hij voor de basisvoorwaarden van veiligheid, bescherming en warmte. De kinderen hoeven dan geen energie te besteden aan 'wie hier wat bepaalt'. Zij kunnen zich richten op hun eigen doelstellingen voor de groep. Als zij zich vrij voelen om te experimenteren met hun gedrag en leren omgaan met de gevolgen daarvan voor hun gedrag thuis, op school en op straat, dan is de sfeer in de groep vertrouwenwekkend.

De therapeut staat stil bij succes en niet bij mislukking. Hij bekrachtigt gewenst gedrag, stimuleert het bedenken van oplossingen voor een probleemsituatie en als model draagt hij in het begin alternatieven aan. Agressieve kinderen worden in het dagelijks leven al regelmatig geconfronteerd met wat er fout gaat en worden aangesproken op hun geweten ('dit mag niet', 'dit hoort niet', 'je doet je vader en moeder verdriet').

Zitting 1 van het programma gaat niet alleen over kennismaken, maar tijdens deze zitting geeft de therapeut ook de regels aan en laat hij merken dat hij de leiding heeft. Tevens wordt er in de oefeningen aandacht besteed aan elkaar kunnen vertrouwen. De kinderen wordt de mogelijkheid gegeven om eigen regels op te stellen, zoals elkaars Pokémon-kaarten niet afpakken, niet aan de dvd komen, niet aan iemands spullen komen. Zo geven de kinderen hun eigen grenzen aan in de groep. Zitting 2 en 3 versterken het vertrouwen en er ontstaat een zekere cohesie in de groep. In zitting 4, 5 en 6 is er daardoor ruimte voor de kinderen om zich open te stellen en hun gevoelens en gedachten te toetsen in de groep, zonder dat zij zich te zeer gekwetst of beschaamd voelen. In veel groepen blijkt zitting 7 een keerpunt in de behandeling te zijn: er moet harder gewerkt worden dan in de andere zittingen en er wordt meer een beroep gedaan op het onder controle krijgen van de agressieve gevoelens van de kinderen. Er ontstaat dan een zeker verzet. Zitting 8, 9 en 10 blijken toch leuker en spannender te zijn dan de kinderen eerst dachten, waardoor het verzet van zitting 7 al snel verdwijnt. Bovendien is het eind al in zicht en wordt er in zitting 11 op waardige wijze afscheid genomen.

Fasen in een groepsbehandeling als afhankelijkheid, intimiteit, revolte, cohesie, vijandigheid en separatie zijn in het programma Zelfcontrole niet duidelijk te onderscheiden. Waarschijnlijk komt dit (mede) door het kortdurende karakter van het programma.

6.3 Structuur en opbouw van de behandeling

Het programma Zelfcontrole is erop gericht dat kinderen met agressief en oppositioneel gedrag na afloop van het programma in sociale probleemsituaties *a* minder gedragsproblemen vertonen, *b* meer zelfcontrole hebben en minder impulsief zijn en *c* betere sociaal-cognitieve vaardigheden laten zien.

De kinderen leren in het programma verschillende vaardigheden die bijdragen aan zelfcontrole over hun agressieve gedrag, gedachten en gevoelens. Het is belangrijk dat de kinderen weten en begrijpen waarvoor ze komen en waarom iets wordt geleerd of geoefend. Het is niet alleen de volwassene die weet waarvoor oefeningen dienen, maar ook het kind. Het geeft meer een samen-werken-aan-zelfcontrole-gevoel. Daarom wordt in zitting 1.2 de metafoor van het leren zwemmen verteld: het oefenen van onderdelen voor het onder controle krijgen van het geheel. Of: onderdelen oefenen om te streven naar een einddoel en dat samen met andere kinderen doen. Koppen, overschieten, conditie trainen, samenspelen, combineren, strafschoppen nemen, hoekschoppen nemen en op doel schieten om uiteindelijk goed te kunnen voetballen. Ook het voetbalspel kent zijn regels en afspraken waaraan iedereen zich moet houden. Ondanks het feit dat er universele regels bestaan, zijn er ook lokale verschillen in regels. Daarom is het nodig van tevoren goed de regels te bespreken, zodat er geen misverstanden kunnen ontstaan en de kinderen zich veilig voelen.

De structuur en opbouw van het interventieprogramma zijn te zien in tabel 2.1 (in deel I), waarin de stappen van het sociale-informatieverwerkingsproces van Dodge vertaald worden in onderdelen van de behandeling aan de hand van wetenschappelijk getoetste tekorten en vervormingen in het proces van sociale-informatieverwerking. De theoretische basis – het model van Dodge – vormt het uitgangspunt van de behandeling. In de zittingen komen oplopend de zes stappen van sociale-informatieverwerking aan bod. Hieraan gekoppeld lopen parallel de sociaal-cognitieve vaardigheden, de stappen van probleemoplossen, het aanleren van communicatievaardigheden en zelfcontroletechnieken (tabel 6.1). Naast het apart oefenen van de verschillende stappen vindt integratie plaats van de verschillende vaardigheden en technieken, om daarmee uit te komen op kunnen 'zwemmen' of op adequate wijze omgaan met agressie van jezelf en reageren op een ander.

Tabel 6.1 Parallel lopende sociaal-cognitieve processen in het interventieprogramma Zelfcontrole.

Model Dodge	Probleem oplossen	Sociale cognitie	Zelfcontrole
1 decoderen	1 probleem signaleren	het egocentrische niveau – identificeren – discrimineren	
2 interpreteren	2 probleem definiëren	het subjectieve perspectief nemen – differentiëren – vergelijken	
3 respons	3 bedenken van zo veel mogelijk	het zelfreflectieve niveau zoeken	

Model Dodge	Probleem oplossen	Sociale cognitie	Zelfcontrole
4 respons kiezen	verschillende oplossingen 4 afwegen van de voor- en nadelen van de oplossingen en één oplossing kiezen	– zich verplaatsen – relateren het wederzijds perspectief nemen – coördineren – verdisconteren	
5 uitvoeren	5 uitvoeren van de gekozen oplossing		zelfobservatie
6 evalueren	6 evalueren van de uitvoering en hieraan gevolgen verbinden voor een volgende keer		zelfbeoordeling zelfbekrachtiging

Elke zitting begint met een kringgesprek, waarin het contact met andere kinderen centraal staat. De tussentijdse oefening wordt besproken. Het kringgesprek zorgt voor veel oefenstof met betrekking tot het leren luisteren naar anderen, elkaar laten uitspreken en iets over jezelf vertellen. Ook in het kringgesprek vindt integratie plaats van de verschillende onderdelen die in de zittingen aan bod zijn geweest. De geleerde probleemoplossingsstappen kunnen toegepast worden wanneer iemand een probleemsituatie aankaart en geen oplossing weet. De in het begin strakke regie van de therapeuten die het gesprek leiden en ervoor zorgen dat iedereen aan de beurt komt, wordt geleidelijk minder en wordt enigszins naar de kinderen overgeheveld.

De samenvattingen aan het eind van iedere zitting geven de kinderen een overzicht van waarmee ze bezig zijn geweest en wat ze ermee in de dagelijkse praktijk kunnen doen.

De tekst van elke zitting begint met een titel en een inhoudsopgave. De titel van de zitting geeft het thema van de bijeenkomst aan.

Elke zitting is als volgt opgebouwd:
– Het eerste onderdeel van elke zitting is de *Theoretische referte*; dit verwijst naar de theorie voor die zitting.
– Het tweede onderdeel is altijd *Kringgesprek*: bespreking van de afgelopen week; daarin wordt de tussentijdse oefening voor thuis besproken.
– Het volgende onderdeel van de zitting is steevast een aantal praktische oefeningen.

– De laatste onderdelen zijn *Evaluatie van de zitting*, *Oefening voor thuis*, *Benodigdheden* (dit zijn voorwerpen en materialen die voor een zitting nodig zijn) en *Samenvatting*.

Voorbeelden van tekst 'uit de praktijk van de therapeut(en)' staan tussen 'vishaken': << >>.
In het taalgebruik wordt geen onderscheid gemaakt tussen jongens en meisjes of mannelijke en vrouwelijke therapeuten; dit om omslachtige zinsconstructies te vermijden – niet omdat meisjes en vrouwelijke therapeuten niet zouden voorkomen of niet relevant zouden zijn.

6.4 Casus

In de elf zittingen van het draaiboek worden af en toe oefeningen toegelicht met voorbeelden van vier jongens met agressief en oppositioneel gedrag. In zitting 1 geven Daryll, Jerry, Johan en Bert de reden aan van hun komst naar de groep. In zitting 11 wordt de behandeling door de kinderen en de therapeuten geëvalueerd. In de tussenliggende zittingen komt uit de reacties van de jongens op sommige oefeningen wat meer naar buiten van hun gevoelens, gedachten en gedrag. In bijlage 12, Voorbeelden ter illustratie, worden de reacties van de kinderen weergegeven.

Zitting 1: Doel van de groep (80 minuten)

1.1 Theoretische referte
1.2 Kennismaking
1.3 Doel van de groep en uitleg van de regels
1.4 Nadere kennismaking
1.5 Kennismakingsspelletjes: selectieve aandacht
1.6 Groepsnaam bedenken
1.7 Benodigdheden
1.8 Samenvatting

1.1 Theoretische referte

In deze zitting wordt gewerkt aan het cognitief en gedragsmatig onder controle krijgen van:
Dodge stap 1: waarnemen en begrijpelijk maken van signalen en tekens uit de omgeving en bij jezelf.
De therapeut maakt de kinderen attent op:

– niet-verbale tekens en details;
– waarop zij hun aandacht richten en waarop niet.

Andere thema's in deze zitting zijn: vertrouwen, beheersing, luisteren.
Ieder kind vult zijn weekverslag in (zie bijlage 1).

In deel I, hoofdstuk 4, Diagnostiek en indicatiestelling, is beschreven hoe het weekverslag wordt besproken met het kind en de ouders. De therapeut besteedt de eerste keer extra aandacht aan het invullen van het weekverslag. Hij controleert of de kinderen het goed hebben begrepen en goed hebben ingevuld.

1.2 Kennismaking (5 minuten)

De therapeuten spreken een welkomstwoord en stellen zich voor. Hierna stellen de kinderen zich aan elkaar voor (ongeveer 1 minuut voor elk kind).
De kinderen wordt gevraagd hun naam te vertellen, de naam van hun school te noemen, in welke groep ze zitten en wat ze verder nog willen vertellen.
Het doel van de oefening 'kennismaking' is:
– de kinderen leren zich voor te stellen aan anderen;
– de kinderen leren dat dit een manier van contact leggen is;
– de kinderen leren naar elkaar te luisteren.

1.3 Doel van de groep en uitleg van de regels (10 minuten)

<<Het doel van de groep is beter leren omgaan met andere kinderen en beter leren omgaan met je agressie. Zoals bij contact maken en samen spelen. Om dit te bereiken, oefenen we elke keer een onderdeel daarvan. Elke keer wordt er een nieuw deel bijgeleerd. Net als bij leren zwemmen. Je wordt niet ineens in het diepe gegooid en dan maar zien hoe je eruitkomt. Nee. We beginnen in het ondiepe, met kurkjes, en de badmeester staat naast je in het bad. Je leert eerst drijven, dan de basisbewegingen: armslag en beenslag. De volgende stap is zonder kurkjes in het ondiepe. Gaat dit goed, dan verder met kurkjes in het diepe tot alles goed gaat. De laatste stap is zwemmen zonder kurkjes in het diepe. Dan ben je klaar voor het diplomazwemmen.>>

Daarna wordt de kinderen gevraagd de reden van hun komst te vertellen. Ook wordt gevraagd wat hun individuele doelstellingen zijn en wat ze willen leren in de groep. Voorafgaand aan de groepstherapie is dit met elk kind apart besproken en geoefend om dit bij de eerste zitting goed te kunnen verwoorden.

De therapeut begint bij een kind waarvan hij zeker weet dat het wat zal vertellen. Proactief agressieve kinderen durven meestal wel. Voor voorbeelden zie bijlage 12.

Regels

Voor een soepel verloop van de zittingen en om de kinderen houvast en veiligheid te bieden, wordt een aantal regels besproken. Overal gelden ten slotte regels. Daarom is het goed ze van tevoren te bespreken. Anders maakt iedereen zijn eigen regels.

1 De vertrouwenskwestie: <<Wat in de groep gebeurt of wordt verteld, wordt niet aan anderen buiten de groep verteld, behalve als daarvoor toestemming is gegeven.>>
2 Stiptheid: op tijd zijn.
3 Geen verzuim: elke keer komen. <<Het is belangrijk dat jullie elke keer komen omdat jullie een team met elkaar vormen. Als je een wedstrijd moet spelen zijn alle spelers nodig.>> (In het contract met de ouders staat dat zij ervoor zorgen dat hun kind elke keer komt en op tijd komt.) <<Er wordt naar huis of school gebeld als jullie er na vijf minuten niet zijn en gevraagd om zo snel mogelijk te komen.>>
4 <<Niet vechten, slaan, of gooien met dingen. Gebeurt dit toch, dan krijg je een time-out van een minuut op een stoel in de kamer. Je moet daar zitten en je mag niets zeggen. Het kan ook zijn dat ik (de therapeut) het zo erg vind wat er gebeurt, dat ik besluit tot twee minuten time-out.>>
5 <<Elke ...dag komen we van ... uur tot ... uur bij elkaar op dezelfde plaats. Er is altijd een vast programma dat we doorlopen. De eerste en de laatste zitting hebben we tien minuten meer tijd nodig. Vandaag is het daarom om ... uur afgelopen.>>

Aan de kinderen wordt gevraagd of er regels zijn die zij willen inbrengen. Het doel hiervan is dat ze actief deelnemer worden en nadenken over regels die er altijd en overal zijn. En, misschien wel het belangrijkste, dat zij daarop zelf invloed kunnen uitoefenen.
Een voorbeeld van een zelfbedachte regel is: elkaars spullen niet afpakken.
De doelen van de kennismakingsspelletjes 1.3 en 1.4 zijn:
– elkaar beter leren kennen;
– verbeteren van het waarnemen en decoderen van sociale tekens;
– leren luisteren naar elkaar;
– elkaars namen snel leren door middel van krantenmeppen (zie 1.5) en leren zich te beheersen met het meppen;
– iets durven laten zien aan anderen en op details letten door goed te kijken bij iets veranderen aan jezelf (zie 1.5);
– leren dat anderen te vertrouwen zijn bij het zich achterover laten vallen (zie 1.5).

1.4 Nadere kennismaking: luisteren, selecteren en weergeven (15 minuten)

Vertel minimaal vier dingen over jezelf aan een ander; werk in tweetallen. Bijvoorbeeld hoe je heet, waar je woont, wie er bij je in huis wonen, op welke school je zit en in welke groep, wat de naam van je juf of meester is, of je op een club of sportvereniging zit, wat je het liefst na schooltijd speelt of waarom je in deze groep zit, enzovoort. Daarna stelt de ander jou in de groep voor, aan de hand van de besproken onderwerpen. Voorbeeld: zie bijlage 12.

1.5 Kennismakingsspelletjes: selectieve aandacht (40 minuten)

Krantenmeppen (10 minuten)
Een kind staat met een opgerolde krant in het midden van de kring. De andere kinderen zitten op een stoel of op hun knieën. Er wordt een naam van een kind genoemd. Die probeert het kind snel met de krant op de knieën te raken. Dit kind moet, voordat dat gebeurt, de naam van een ander kind noemen. Is hij te laat, dan moet híj in het midden.
    Meteen de eerste keer dat er te hard geslagen wordt, grijpt de therapeut in door te zeggen dat het er níet om gaat hoe hard je kunt slaan. Hij doet het vervolgens eenmaal voor. Alle therapeuten doen mee en staan hierin model.

Uitbeelden van beroepen (10 minuten)
Elk kind beeldt een beroep uit. Het kind dat net een beroep heeft uitgebeeld, vraagt één voor één aan de kinderen wat hij uitbeeldde. Daarna komt het kind zelf met de juiste oplossing.

Iets veranderen aan jezelf (10 minuten)
Een kind gaat voor de groep staan, zodat iedereen hem goed kan bekijken. Het kind verlaat de kamer en verandert iets bij zichzelf, hij maakt bijvoorbeeld zijn schoenveter los, en gaat weer terug. De anderen moeten vervolgens zeggen wat er is veranderd.
    Daarna legt de therapeut uit dat het altijd belangrijk is om goed naar anderen te kijken, omdat je anders soms bepaalde details niet ziet. De therapeut sluit aan bij wat de kinderen aan zichzelf veranderden en waarom het moeilijk was om te zien wat dat precies was.

Achterover laten vallen (10 minuten)
De kinderen en de therapeuten staan in een kring. Ze houden elkaar vast: de handen bij de ellebogen van de ander. Eén kind staat in het midden en laat zich achterover vallen. De anderen vangen hem op. Iedereen komt aan de beurt. Als de aandacht verslapt, wordt verder gegaan met het volgende onderdeel van de zitting.

1.6 Groepsnaam bedenken (10 minuten)

De groepsleden een naam laten bedenken voor de groep kan de saamhorigheid van de groep vergroten en kan de groepsleden een veilig gevoel geven.

Op een flip-over worden al brainstormend de namen opgeschreven die de kinderen bedenken.

Vervolgens geven de kinderen een cijfer – 1, 2 of 3 – aan de namen van hun keuze. Aan de groepsnaam die zij de beste vinden geven ze het hoogste aantal punten. Ieder kind schrijft zijn keuzes op een papiertje. De therapeuten maken één voor één de papiertjes open en schrijven de gekozen namen op de flip-over. De groepsnaam met de meeste punten wordt de naam van de groep.

1.7 Benodigdheden

– Opgerolde krant.
– Flip-over en stift.

1.8 Samenvatting

De samenvatting wordt door de therapeuten verzorgd en kan als geheugensteun aan de kinderen meegegeven worden in een schrift of een map met losse velletjes. De kinderen worden aangemoedigd om dit aan hun ouders en de leerkracht te laten zien. Als er tijd over is, kan op onderstaande wijze samen met de kinderen de zitting worden doorgenomen en samengevat.

Wat hebben we gedaan?
– Iedereen heeft verteld hoe hij heet en waarom hij in de groep zit.
– We hebben de regels van de groep besproken. En we hebben samen nieuwe regels gemaakt.
– Met het spelletje 'krantenmeppen' hebben we elkaars namen geleerd. We hebben geleerd om ons te beheersen in het meppen met de krant.
– Met de spelletjes 'uitbeelden van beroepen' en met 'iets veranderen aan jezelf' hebben we geleerd iemand van top tot teen te bekijken. Goed kijken naar een ander kind helpt bij het omgaan met een ander kind.
– Met het spelletje 'iets veranderen aan jezelf' lukte het om andere kinderen naar ons te laten kijken.
– Met het spelletje 'achterover laten vallen' durfden we andere kinderen te vertrouwen. Er gebeurde niets vervelends. Het ging juist heel goed.

Wat kun je ermee doen?
– Ik heb geleerd om eerst de regels van het spel af te spreken. Dan krijg je daar-

over later geen ruzie.
- Ik heb gemerkt dat een spel leuk is als iedereen zich kan beheersen.
- Het is beter om andere kinderen goed te bekijken, van top tot teen bij wijze van spreken. Daar ga ik op letten. En nadenken over wat het betekent wat je ziet, om daarna te doen wat je denkt.
- Andere kinderen zijn te vertrouwen als de regels duidelijk zijn. Daar zal ik meer aan denken.

Zitting 2: Communicatieregels leren (70 minuten)

2.1 Theoretische referte
2.2 Kringgesprek: het bespreken van de week
2.3 Oefening 'identificeren': personenkwartet
2.4 Oefening 'luisteren': geluid raden
2.5 Uitleg over luisteren en duidelijk praten
2.6 Oefening 'discrimineren'
2.7 Oefening voor thuis
2.8 Benodigdheden
2.9 Samenvatting

2.1 Theoretische referte

In deze zitting wordt gewerkt aan het cognitief en gedragsmatig onder controle krijgen van de sociaal-cognitieve vaardigheden 'identificeren' en 'discrimineren'.
- Bij 'identificeren' wordt onderscheid gemaakt in: onderkennen, herkennen en benoemen van waarneembare perspectieven.
- Bij onderkennen kan het kind in een sociale situatie aangeven of de ander iets ziet, denkt of van plan is.
- Bij herkennen moet het kind kunnen aangeven of een gegeven perspectief overeenkomt met een observeerbaar perspectief.
- Bij benoemen van perspectieven moet het kind observeerbare perspectieven van een verbale omschrijving (etiket) voorzien.
- Met 'discrimineren' wordt bedoeld dat het kind kan beoordelen of twee of meer observeerbare perspectieven hetzelfde zijn of niet.

Dodge stap 1: waarnemen en begrijpelijk maken van signalen en tekens uit de omgeving en bij jezelf. De therapeut schenkt expliciet aandacht aan visuele en auditieve tekens uit de omgeving. Hij staat stil bij het effect hiervan en de winst van goed waarnemen.

Het weekverslag wordt ingevuld.

2.2 Kringgesprek: het bespreken van de week (10 minuten)

<<Wat is er de afgelopen week leuk en niet zo leuk gegaan in de omgang met een ander kind?>>

De therapeut moet erop letten dat alle kinderen om de beurt iets vertellen zonder elkaar daarbij te storen. Een kind mag niet te lang aan het woord zijn, zodat de rest zich niet gaat vervelen. Andere kinderen mogen het verhaal van een kind niet overnemen: een kind begint bijvoorbeeld te vertellen over de camping en een ander kind begint meteen over zíjn camping of vakantie. De kinderen moeten leren elkaar te laten uitpraten. De therapeuten moeten ervoor zorgen dat er ruimte is voor iedereen en de kinderen dat gevoel ook geven.

2.3 Oefening 'identificeren': personenkwartet (20 minuten)

Het doel van de oefening 'identificeren' is:
- de kinderen oefenen de sociaal-cognitieve vaardigheid identificeren;
- de kinderen leren nadenken over wat ze leuk vinden om te doen, over waar ze goed in zijn en wat bij hen past;
- de kinderen laten zien wie ze zijn zonder agressief gedrag;
- de kinderen leren elkaar beter kennen.

Ieder kind krijgt vier kaartjes en maakt daarmee een kwartet met onderwerpen over zichzelf. Bijvoorbeeld: ik zit op voetballen, ik hou van dropjes, ik verzamel vliegtuigen en ik draag een bril. Het onderwerp dat past bij het plaatje op het kaartje wordt onderstreept. Elk kind krijgt een kleur viltstift en schrijft zijn naam in de rechter bovenhoek. De therapeut maakt een voorbeeld van een kwartetkaart op een flip-over (zie bijlage 2).

Het kwartetspel wordt vervolgens ongeveer vijf minuten gespeeld.

Het spel hoeft niet helemaal uitgespeeld te worden. Stop als bij te veel kinderen de aandacht verslapt.

Voorbeeld: zie bijlage 12.

2.4 Oefening 'luisteren': geluid raden (10 minuten)

Het doel van de oefening 'luisteren' is:
- de kinderen leren aandacht geven aan geluiden en specifieke geluiden, waardoor ze beter in staat zullen zijn om sociale tekens te decoderen;
- de kinderen leren dat het belangrijk is om zelf duidelijk te praten.

Er wordt een kring gevormd met alle ruggen naar het midden. Iedereen krijgt een kaartje met daarop twee geluiden geschreven en een instructie hoe het geluid moet worden gemaakt. Zonder dat de andere kinderen het zien, krijgt degene die het geluid moet maken het voorwerp. De anderen moeten het geluid raden.

De geluiden zijn: lucifer afsteken; papier scheuren; rits openen en sluiten; water in een kopje gieten; plakband afrollen; met de tanden klapperen; boek dichtklappen; potlood slijpen; bal laten stuiteren; met een lepeltje tegen een kopje tikken; neus snuiten; papier verfrommelen; geld op een schoteltje laten vallen (zie bijlage 3).

2.5 Uitleg over luisteren en duidelijk praten (5 minuten)

De therapeut geeft uitleg over luisteren, duidelijk praten en waarom dat zo belangrijk is.

<<Met luisteren hoor je niet alleen wat er gezegd wordt, welke woorden er in een zin voorkomen, maar je hoort aan de stem of die hard of zacht is en of het boos of lief bedoeld is wat gezegd wordt, of vragend of bevelend. Daarnaast geven geluiden veel informatie over de omgeving: op straat of in het bos? Op het schoolplein of in de klas? Regent het of schijnt de zon? Dit kan allemaal van invloed zijn op hoe je zal reageren op wat je hoort zeggen.>>

Ter illustratie wordt een woord en daarna een zin doorgefluisterd in een kring.

2.6 Oefening 'discrimineren': een tekening maken aan de hand van een verhaal (20 minuten)

Een kind vertelt een verhaaltje, waarin vier gegevens zitten (zie bijlage 4: zes verhaaltjes), aan zijn partner. Deze laatste maakt daarvan een tekening in de vorm van een stripverhaal. Het papier is in vier vlakken verdeeld. Voor het tekenen kan vier minuten gerekend worden; voor elk vlak ongeveer één minuut.

In de groep vertellen de partners het verhaal aan de hand van de tekening die ze hebben gemaakt. De ander leest het oorspronkelijke verhaal voor in de groep en zegt of de tekening klopt. Hierna worden de rollen omgewisseld.

Het belang van goed kijken en luisteren wordt met de uit deze oefening verkregen informatie benadrukt.

<<Als je goed kijkt naar de tekeningen zie je bepaalde details uit het verhaal terug... Wanneer je goed hebt geluisterd, hoor je hoe de stem klinkt: hard, zacht, hoog, laag, langzaam, snel. Je kunt ook aan een stem horen hoe iemand zich voelt, zoals droevig, boos, bang, blij...>>

2.7 Oefening voor thuis (3 minuten)

Vertel de volgende keer wat er leuk ging samen met een ander kind en wat er niet leuk ging en hoe dat kwam.

2.8 Benodigdheden

- Kaartjes en stiften voor het kwartetspel.
- Geluidenkaartjes.
- Papier en stiften voor het stripverhaal.
- Voor de luisteroefening: papier, rits, schoteltje, water in een kopje of kannetje, lucifers, rolletje plakband, boek, potlood en puntenslijper, bal, lepel en kopje, muntstuk en een zakdoek; of cassettebandje en -recorder;
- Flip-over.

2.9 Samenvatting

Wat hebben we gedaan?
- Iedereen heeft verteld wat er leuk en niet leuk was in het contact met andere kinderen.
- We hebben een eigen kwartet gemaakt en ermee gespeeld. Zo lieten we aan de andere kinderen zien wat bij ons hoort.
- In het kwartetspel raadden we wat een ander ziet, denkt of misschien van plan is. We hoorden van elkaar of dat klopte.
- Met de oefening 'geluiden maken' leerden we met goed luisteren of iets boos of lief bedoeld is. Het kan ook als een vraag of een bevel bedoeld zijn.
- Aan geluiden kunnen we horen of het regent of dat de zon schijnt. Of iemand op het schoolplein is of in de klas. En kinderstemmen in het bos klinken heel anders dan op straat. Dus als je goed luistert, weet je ook beter wat je moet doen.
- Met de oefening 'tekening maken aan de hand van een verhaaltje' merkten we het verschil tussen horen en zien.

Wat kan ik ermee doen?
- Als ik wil weten hoe de stemming in de klas is, dan luister ik goed.
- Is de stemming vrolijk of vervelend? Daar kan ik achter komen door wat langer en met meer aandacht naar de geluiden in de klas te luisteren. Dat geldt niet alleen voor geluiden in de klas, maar ook voor thuis, met vriendjes in de straat, bij de buren of op het sportveld.
- Aan geluiden kun je horen in wat voor stemming iemand is: vrolijk, boos, saai, vervelend, geïrriteerd, gehaast, blij of in feeststemming.

– Als ik weet hoe iemand anders zich voelt, weet ik hoe ik het beste kan reageren.

Zitting 3: Sociale tekens decoderen (70 minuten)

3.1 Theoretische referte
3.2 Kringgesprek en oefening bespreken
3.3 Oefening 'interpreteren': doorgeeftekening
3.4 Oefening 'identificeren en differentiëren': uitbeelden
3.5 Evaluatie van de oefening
3.6 Oefening voor thuis
3.7 Benodigdheden
3.8 Samenvatting

3.1 Theoretische referte

In deze zitting wordt gewerkt aan het cognitief en gedragsmatig onder controle krijgen van de sociaal-cognitieve vaardigheid 'differentiëren'.
Met differentiëren van perspectieven wordt bedoeld dat een kind begrijpt dat verschillende personen in gelijke situaties niet hetzelfde perspectief hoeven te hebben.
Dodge stap 1 en 2:
– Stap 1: Waarnemen en begrijpelijk maken van signalen en tekens uit de omgeving en bij jezelf.
– Stap 2: Een betekenis geven aan de waargenomen signalen en tekens.

Het weekverslag wordt ingevuld.

3.2 Kringgesprek en oefening bespreken (20 minuten)

<<Wat ging er de afgelopen week goed met een ander kind of wat was er leuk? Wat vond je vervelend in het contact met een ander kind? Hoe kwam dat volgens jou?>>

3.3 Oefening 'interpreteren': doorgeeftekening (10 minuten)

In plaats van de oefening 'een woord doorfluisteren' nu de oefening 'een tekening doorgeven'. Iedereen laat – even – een tekening zien aan de volgende die aan de beurt is om te tekenen (zie de voorbeelden in bijlage 5). Deze tekent wat hij gezien heeft na en laat zijn tekening aan de volgende zien enzovoort.

Elk kind krijgt één minuut om de tekening van het kind dat daarvóór aan de beurt was – uit het hoofd – na te tekenen. De rest van de kinderen ziet de tekening niet.

De oefening wordt besproken en teruggekoppeld.

<<Behalve door te praten, kun je ook door te kijken zien wat een ander bedoelt. Als je kijkt, zie je iets en probeer je dat te interpreteren. Je geeft een betekenis aan wat je ziet. Iedereen geeft zijn eigen betekenis aan wat hij ziet. Dat kan telkens dezelfde of telkens een andere betekenis zijn.>>

Om te voorkomen dat de kinderen te lang op elkaar moeten wachten, is de volgende variant bedacht.

De kinderen zitten twee aan twee tegenover elkaar. Iedereen heeft een vel tekenpapier. Elke therapeut laat aan twee kinderen even – 30 seconden – een begintekening zien. Daarna mogen ze gaan tekenen. Na 90 seconden moeten de kinderen stoppen en krijgen ze nieuwe tekenvellen. De eerste therapeut laat de gemaakte tekening van kind A aan kind B zien en de tekening die kind B heeft gemaakt aan kind A. De tweede therapeut doet hetzelfde bij kind C en D. Alles volgens het volgende schema:

Tekening I wordt het eerst nagetekend door kind A; diens tekening wordt nagetekend door kind B; diens tekening door kind C en diens tekening door kind D.

Tekening I: kind A, B, C, D.
Tekening II: kind B, A, D, C.
Tekening III: kind C, D, A, B.
Tekening IV: kind D, C, B, A.

3.4 Oefening 'identificeren en differentiëren': uitbeelden (20 minuten)

<<Wanneer je op een ander let, kun je goed luisteren naar wat hij vertelt. Alleen het kijken naar hem vertelt je echter al veel over hem. Wat kun je allemaal aan iemand zien?>>

- De groep beeldt uit: door bladeren lopen; lopen met een zware zak op je rug; door de plassen lopen; over ijs lopen; over een smal bruggetje lopen; op de uitkijk staan. De therapeut begint, met door de kamer te lopen.
- Elk kind beeldt om de beurt een werkwoord uit en laat de anderen één voor één zeggen welk werkwoord het is, om ten slotte zelf te zeggen welk werkwoord het was.
- Eén kind beeldt iets uit. Zodra iemand anders weet wat het is, gaat hij meespelen. Het moet iets zijn dat erbij past. Na afloop vertelt iedereen wat hij uitbeeldde, bijvoorbeeld dat hij schaatste of dat hij een sneeuwpop was. Een ander mooi voorbeeld: kind 1 staat te wachten op de bus, kind 2 gaat bij de bushalte in de rij staan wachten en kind 3 sluit zich hierbij aan; kind 4 komt op

het idee om buschauffeur te spelen, stopt met de bus bij de bushalte en de drie andere kinderen stappen in.

3.5 Evaluatie van de oefening (10 minuten)

- De laatste oefening wordt nabesproken.
- Hoe vonden de kinderen het dat je van alles aan iemands gezicht en houding kunt zien?
- Hebben de kinderen nu geleerd eerst te kijken en te luisteren om zich vervolgens te kunnen aansluiten bij de andere kinderen? Hebben ze geleerd dat goed kijken en luisteren een betere waarborg geeft voor een juiste interpretatie van wat iemand anders doet dan snel reageren op wat je ziet?

3.6 Oefening voor thuis (3 minuten)

Iedereen probeert deze week met iemand bij hemzelf of bij een ander thuis te spelen.

3.7 Benodigdheden

- Tekeningen.
- Tekenblaadjes en viltstiften.

3.8 Samenvatting

Wat hebben we gedaan?
- Deze keer vertelden wij aan elkaar wat er de afgelopen week goed ging samen met een ander kind en ook wat er vervelend was in het contact met een ander kind. Zo leren we te zeggen wat we vaak denken.
- Met de oefening 'doorgeeftekening' leerden we dat je een naam geeft aan iets wat je ziet. Dat heet een betekenis aan iets geven. En dat een ander die hetzelfde ziet er een ándere naam (betekenis) aan kan geven.
- Met de oefening 'uitbeelden' hebben we geleerd dat je veel kan zien aan iemand. Je kan zien wat hij voelt of wat hij van plan is.
- Met de laatste oefening hebben we samen een toneelstukje gespeeld zonder erbij te praten. Dat deden we door eerst alleen te kijken naar de anderen, om daarna te kunnen meedoen.

Wat kan ik ermee doen?
- Als we met z'n allen naar iets kijken, kunnen we daar verschillend over denken. Dat is belangrijk om te weten.
- Als ik denk 'die is iets kwaads van plan' of 'die doet het expres', dan hoeft dat niet zo te zijn. Daar ga ik nu op letten.
- Ik kan nu beter zien aan iemand hoe hij zich voelt of wat hij van plan is. Daar kan ik mooi gebruik van maken thuis en op school met andere kinderen. Zo kan ik van een afstandje al zien wat er aan de hand is, wanneer kinderen aan het spelen zijn.

Zitting 4: Gevoelens leren onderscheiden en benoemen bij jezelf en bij de ander (70 minuten)

4.1 Theoretische referte
4.2 Kringgesprek en oefening bespreken
4.3 Oefening 'perspectief nemen': gevoelens opnoemen
4.4 Oefening 'interpreteren en identificeren': gevoelens uitbeelden
4.5 Oefening 'interpreteren en vergelijken': uitbeelden activiteit
4.6 Evaluatie van de oefeningen
4.7 Oefening voor thuis
4.8 Voorbereiding en benodigdheden
4.9 Samenvatting

4.1 Theoretische referte

In deze zitting wordt gewerkt aan het cognitief en gedragsmatig onder controle krijgen van de sociaal-cognitieve vaardigheid 'vergelijken'.
De vaardigheid 'differentiëren' wordt uitgebreid als het kind beseft dat er zowel overeenkomsten als verschillen zijn tussen perspectieven van twee of meer personen. Het gaat bij vergelijken om het bepalen en benoemen van verschillen en overeenkomsten tussen observeerbare perspectieven.
Dodge stap 2 en 3:
- Stap 2: Een betekenis geven aan de waargenomen signalen en tekens.
- Stap 3: Zoeken naar de juiste respons. Zo veel mogelijk verschillende oplossingen bedenken.

Het weekverslag wordt ingevuld.

4.2 Kringgesprek en oefening bespreken (20 minuten)

<<Wat was er leuk en niet leuk? Heb je een vriend(in) uitgenodigd?>>
Elk kind komt aan bod. De therapeut let erop dat de kinderen goed naar elkaar luisteren.

4.3 Oefening 'perspectief nemen': gevoelens opnoemen (10 minuten)

Op een flip-over worden zo veel mogelijk verschillende gevoelens opgeschreven die de kinderen bedenken. Deze oefening heeft een brainstorm-karakter. De therapeuten helpen met het associëren van gevoelens: 'als je pijn hebt, ben je verdrietig, boos, alleen...' (enzovoort).

De therapeuten typen na afloop van de zitting de flip-over met gevoelens in alfabetische volgorde over. De volgende zitting geven ze deze lijst aan de kinderen mee. Zo kunnen de kinderen een eigen 'gevoelens-woordenboek' maken.

A	enthousiast	klein	P	verlegen
aardig	F	knap	pissig	verliefd
agressief	fijn	koud	pijn	vervelend
alleen	G	kwaad	prettig	vies
angstig	gammel	L	R	vreemd
arm	gefrustreerd	lacherig	rijk	vrij
B	gelukkig	laf	rot	vrolijk
bang	gemeen	lekker	rustig	W
bijdehand	gespannen	lief	S	warm
blij	gezellig	lui	schuldig	woedend
boos	goed	lullig	snel	Z
braaf	grappig	M	sterk	zeker
brutaal	H	moe	stoer	zenuwachtig
C	haastig	N	stom	ziek
cool	haat	naar	stout	zwak
D	hard	narrig	T	
dapper	honger	nieuwsgierig	tevreden	
dom	J	O	thuis	
driftig	jaloers	ongeduldig	treurig	
duf	jarig	ongelukkig	trots	
E	K	onzeker	V	
eerlijk	kapot	opstandig	verdrietig	

Ieder kind schrijft vervolgens drie gevoelens op die bij hem horen. De kinderen vertellen één voor één waarom ze dit gevoel hebben gekozen en waarom zij vinden dat het bij hen past. Soms komen de kinderen met een nieuw gevoel aanzetten.

Voorbeeld: zie bijlage 12.

4.4 Oefening 'interpreteren en identificeren': gevoelens uitbeelden (10 minuten)

Elk kind krijgt op een papiertje de opdracht tot het uitbeelden van een gevoel en voert de opdracht uit. Dan laat het de andere kinderen één voor één zeggen wat voor gevoel zij hebben gezien. Aan het eind vertelt het kind welk gevoel het uitbeeldde, bijvoorbeeld:
– Ik zit slaperig bij mijn oma op bezoek.
– Ik drink thee en merk dat er zout in zit in plaats van suiker.
– Ik sta onder de douche en plotseling is het water koud.

(Zie bijlage 6 voor de andere opdrachten.)

4.5 Oefening 'interpreteren en vergelijken': uitbeelden van een activiteit (15 minuten)

Er worden opdrachten gegeven die zijn toegespitst op ieder kind apart. De therapeuten laten de kinderen iets uitbeelden dat zij goed kennen, bijvoorbeeld naar aanleiding van het kwartet van de tweede zitting. Hierna enkele voorbeelden van opdrachten.
– Schaatsen: 'Schaatsen gaat nu goed, maar soms val ik nog wel. Ik weet nog goed hoe ik het heb geleerd en hoe het steeds beter ging.' (De therapeut doet een en ander voor.)
– Tv kijken: 'Als ik tv wil kijken, moet ik het eerst aan mijn vader of moeder vragen. Als het mag, dan ga ik er helemaal voor zitten en kijk ik het liefst naar ... Soms komt mijn broer/zus en die wil ergens anders naar kijken.' (De therapeut beeldt het kijken enzovoort uit.)
– Voetballen: 'Ik zit al vijf jaar op voetbal. Ik kan goed koppen en ver schieten. Als ik een gele kaart krijg, baal ik, maar als ik een doelpunt maak, spring ik een gat in de lucht.' (De therapeut beeldt het koppen enzovoort uit.)

De andere kinderen moeten raden wat voor gevoelens er worden uitgebeeld.
Door deze oefening komen de kinderen erachter wat bij hen past.
Gewone dingen kunnen voor de kinderen eventueel een andere/nieuwe betekenis krijgen, omdat ze nu expliciet zijn gemaakt.

4.6 Evaluatie van de oefeningen (10 minuten)

Wil je goed contact maken met andere kinderen of goed met andere kinderen omgaan, dan moet je goed letten op wat ze bedoelen. Dat kan niet alleen door goed naar ze te luisteren en goed naar ze te kijken, maar ook door erop te letten wat voor gevoelens ze uitdrukken.

4.7 Oefening voor thuis (3 minuten)

De oefening van zitting 3 wordt 'andersom' herhaald: kinderen die bij iemand anders thuis hebben gespeeld, vragen kinderen bij hen thuis te komen spelen en andersom.

4.8 Voorbereiding en benodigdheden

- De therapeut bedenkt van tevoren voor elk kind wat het zou kunnen uitbeelden.
- Flip-over en stift.
- Opdrachtenkaartjes voor het uitbeelden van gevoelens.

4.9 Samenvatting

Wat hebben we gedaan?
- We hebben aan elkaar verteld met wie we de afgelopen week hebben gespeeld. Of het wel of niet lukte en hoe het ging.
- We hebben deze keer veel woorden voor gevoelens erbij geleerd. Er zijn er meer dan ik dacht.
- We hebben geleerd hoe iemand een gevoel uitbeeldt en hoe je zelf een gevoel kan laten zien.
- We hebben geleerd dat het gevoel dat je uitbeeldt door een ander heel anders gezien kan worden. De ander kan er een andere naam of betekenis aan geven.

Wat kan ik ermee doen?
- Ik weet nu veel meer namen aan gevoelens te geven.
- Ik kan nu bij andere kinderen verschillende gevoelens zien, zoals moe, vervelend, jaloers en nieuwsgierig. Vroeger dacht ik vaak dat – bijvoorbeeld – moe boos betekende.
- Andere kinderen zijn minder vaak boos dan ik dacht.
- Ik begrijp mijn eigen gevoelens iets beter doordat ik er meer woorden voor heb. Eerst noemde ik veel wat ik voelde boos. Nu weet ik dat het ook humeurig, stoer of eerlijk kan zijn. Ik hoef minder vaak boos te zijn.

Zitting 5: Zich verplaatsen in een ander en probleemoplossingsvaardigheden (70 minuten)

5.1 Theoretische referte
5.2 Kringgesprek en oefening bespreken
5.3 Uitleg over 'perspectief nemen' en 'zich verplaatsen in een ander'
5.4 Oefening 'perspectief nemen en samenwerken': toneelstukjes
5.5 Herhalen van de oefening 'perspectief nemen en samenwerken'
5.6 Complimenten geven
5.7 Oefening voor thuis
5.8 Benodigdheden
5.9 Samenvatting

5.1 Theoretische referte

In deze zitting wordt gewerkt aan het cognitief en gedragsmatig onder controle krijgen van de sociaal-cognitieve vaardigheden 'differentiëren' en 'vergelijken'.
- Bij differentiëren gaat het om het begrijpen dat twee of meer personen in gelijke of verschillende situaties niet noodzakelijk dezelfde kijk, hetzelfde perspectief hebben. Leren differentiëren houdt in dat het kind leert dat, wanneer het perspectief van de ene persoon bekend is, een andere persoon niet datzelfde perspectief hoeft te hebben.
- De vaardigheid 'differentiëren' wordt verder uitgebreid als het kind beseft dat er zowel overeenkomsten als verschillen zijn tussen perspectieven van twee of meer personen. Het gaat bij 'vergelijken' om het bepalen en benoemen van verschillen en overeenkomsten tussen waar te nemen (observeerbare) perspectieven.

Dodge stap 3 en 4 in combinatie met probleemoplossen:
- Stap 3: Zoeken naar de juiste respons en zo veel mogelijk verschillende oplossingen bedenken.
- Stap 4: Uitkiezen van de beste respons, na afweging van voor- en nadelen op korte en lange termijn.

Het weekverslag wordt ingevuld.

5.2 Kringgesprek en oefening bespreken (20 minuten)

<<Heb je een vriend(in) uitgenodigd? Hoe ging dat? Hoe voelde je je daarbij?>>
De therapeut vraagt naar het 'gevoel erbij' in verband met de oefening

'gevoelens'; de flip-over met gevoelens van de vorige keer wordt weer ophangen.
<<Waardoor lukte het (niet)? Hoe ga je het de volgende keer aanpakken?>>

5.3 Uitleg over 'perspectief nemen' en 'zich verplaatsen in een ander' (10 minuten)

<<De vorige keren ging het steeds om het leren letten op een ander, het kijken, luisteren, je concentreren op en je kunnen verplaatsen in een ander, zodat je (ongeveer) weet wat hij voelt of denkt.
Dat is niet gemakkelijk...
– Wanneer het je niet lukt om contact met ze te maken, ben je vaak te veel met jezelf bezig.
– Wanneer je verlegen bent, voel je jezelf er niet bij horen.
– Wanneer je met andere kinderen probeert te spelen en het eindigt steeds met vechten, ben je vaak ook te veel met jezelf bezig.

Als je goed op een ander kunt letten en je goed in een ander kunt verplaatsen, zal het minder vaak gebeuren dat je ruzie krijgt of alleen blijft staan.
 Weet je wat dat is, je in een ander verplaatsen? Denk eens aan verstoppertje spelen. Dan denk je vaak: 'Ik ga daar niet zitten want daar zoekt hij altijd het eerst, en dát plekje kent hij ook, ik kan het beste daar en daar gaan zitten...'
 Bij veel spelletjes verplaats je je in de ander om erop vooruit te lopen wat de ander zal gaan doen. Als je naar een film kijkt, leef je mee met de hoofdpersoon. Dat is ook je verplaatsen in de ander. Daar heb je veel voordeel van. Anderen verplaatsen zich ook in jouw gedachten en gevoelens en daardoor begrijpen ze bijvoorbeeld waarom jij iets doet.>>

5.4 Oefening 'perspectief nemen en samenwerken': toneelstukjes (15 minuten)

Het doel van de toneelstukjes is:
– leren samenwerken;
– zich bewust leren verplaatsen in een ander;
– leren zich op een niet-agressieve manier bloot te geven;
– leren duidelijk te praten;
– leren na te denken over oplossingen voor problemen.

Bij de eerste toneelstukjes krijgen de kinderen een opdracht. Als alle kinderen een toneelstukje in opdracht hebben gespeeld, bedenken de kinderen zelf toneelstukjes.
Voorbeeld van een opdracht:

<<Je loopt met een vriendje te wandelen in het park. Ineens rent een hond op je vriendje af, die rent weg met de hond achter zich aan en klimt in een appelboom. Hoe loopt het af?>>

Zie bijlage 7 voor de andere toneelstukjes/opdrachten.

De therapeut let erop dat de kinderen bij de toneelstukjes praten en niet alleen mime spelen.

De twee toneelstukjes die in opdracht worden gespeeld, worden op dvd opgenomen en vervolgens aan de hand van de videobeelden nabesproken:

<<Hoe verliep de samenwerking? Wat voor gevoelens speelden mee in het toneelstukje?>>

Hoe je problemen kunt oplossen wordt op een flip-over opgeschreven:
- Wat is het probleem?
- Welke oplossingen zijn er mogelijk?
- Welke oplossing is de beste?

De therapeut haakt in op een voorbeeld uit een van de toneelstukjes en geeft een voorbeeld van probleemoplossen volgens de bovenstaande stappen.

Als er tijd over is, kan het volgende gedaan worden: De kinderen bedenken zelf een toneelstukje waarin een probleem opgelost moet worden. Als dit te moeilijk is voor de kinderen, kunnen voorbeelden uit oefening 5.5 worden gebruikt.

5.5 Herhaling van de oefening 'samenwerken en perspectief nemen' (15 minuten)

De onderstaande problemen worden (kort) gespeeld in nieuwe tweetallen. Tijdens de nabespreking wordt uitgebreid besproken welke gevoelens er meespelen en hoe het probleem het beste opgelost kan worden. De therapeut moet niet te snel reageren met 'dat is een goed idee', liever met 'jij hebt veel goede ideeën, weet je er nog een?'.

Het gaat om een zelfcontroleoefening: de kinderen leren dat het in probleemsituaties belangrijk is om zichzelf te beheersen. Als iemand er namelijk voor kiest om de ander te slaan of uit te schelden, wordt de situatie alleen maar erger en ontstaat er een extra probleem...

Voorbeelden van problemen waarmee kinderen te maken kunnen krijgen:
- Je hebt iets geleend aan iemand en die geeft het kapot terug. (De therapeut vraagt de kinderen hoe zij denken dat de ander zich voelt.)
- Je moet mee naar een verjaardag, terwijl je geen zin hebt. (De therapeut vraagt: 'Hoe voel jij je, en hoe voelt degene die jarig is zich als je niet komt?')
- Je moet huiswerk maken, maar je wilt graag je favoriete tv-programma zien.
- Je zit net op een nieuwe (sport)club, maar je kan niet goed opschieten met je

clubgenoten. Je denkt erover om van de club af te gaan.
- Je komt thuis uit school en je hebt honger, maar je broer (of zus) blijkt al het brood opgegeten te hebben.
- Andere kinderen zeggen iets over je kleding/schoenen.
- Je staat in de rij voor het zwembad of in de bus en je wordt aangestoten.
- Een ander kind wil niet met je spelen.
- Je wilt een buskaartje kopen, maar je hebt niet genoeg geld bij je.
- De leraar geeft je een standje, terwijl je niks deed.

5.6 Oefening 'complimenten geven' (5 minuten)

De kinderen gaan in een kring zitten. Vervolgens krijgen ze de opdracht om iets aardigs te zeggen over degene die naast ze zit.

De ervaring is dat dit een hele opgave is voor de kinderen. De therapeuten grijpen dit aan:

<<Jullie zien dat het veel gemakkelijker is om iets onaardigs tegen iemand te zeggen dan iets aardigs. Het is alleen veel leuker voor de ander en ook voor jezelf om iets aardigs tegen een ander te zeggen. Bovendien zal iemand ook sneller of vaker iets aardigs tegen jou zeggen als jij dat bij een ander doet.>>

De therapeut legt uit dat je iemand op verschillende manieren kan complimenteren: waar iemand goed in is, over hoe hij of zij eruitziet, wat aardig is van iemand enzovoort.

5.7 Oefening voor thuis (3 minuten)

Iedereen probeert deze week iets aardigs tegen iemand te zeggen.

Iedereen probeert deze week met iemand bij zichzelf of bij een ander thuis te spelen.

5.8 Benodigdheden

- Opdrachtenkaartjes voor de toneelstukjes in tweetallen.
- 'Gevoelens-woordenboekje' (om mee te geven).

5.9 Samenvatting

Wat hebben we gedaan?
- Iedereen heeft verteld of hij bij iemand thuis heeft gespeeld en hoe dat is gegaan, hoe hij zich erbij voelde. Als het niet goed was gegaan, werd er ver-

teld hoe je het de volgende keer zou kunnen aanpakken.
- We hebben geleerd ons te verplaatsen in een ander, te bedenken hoe een ander zich voelt of denkt, of wat hij van plan is. Anderen doen dat ook bij ons.
- We hebben geleerd hoe je kan zoeken naar oplossingen: eerst verschillende oplossingen bedenken en dan de beste kiezen. Tot nu toe kwam het vaak neer op de eerste oplossing die opkwam. Meerdere oplossingen bedenken zorgt ervoor dat je niet meteen reageert. Zo hebben we geleerd ons te beheersen.
- We hebben gewone dingen die gebeuren nagespeeld om onze zelfbeheersing (of zelfcontrole) te oefenen.
- We hebben geoefend hoe je iemand een complimentje kunt geven.

Wat kan ik ermee doen?
- Ik let erop hoe een ander zich voelt, hoe hij denkt en wat hij van plan is. Ik weet dan beter wat ik zal doen als hij iets aan mij vraagt. En als ik zelf iets aan hem vraag, dan weet ik ook beter wat hij zal doen.
- In plaats van meteen te reageren kan ik nu verschillende oplossingen bedenken en de beste oplossing kiezen. Dat is zelfbeheersing of zelfcontrole. Zo krijg ik meer controle over mijn snelle reacties en mijn boosheid.
- Complimentjes krijgen is leuk en onwennig. Anderen vinden het fijn om een complimentje te krijgen. En zij vinden mij ook nog aardiger als ik er een geef. Ik kan wat vaker complimentjes gaan geven.

Zitting 6: Zelfcontrole en zelfinstructie I (70 minuten)

6.1 Theoretische referte
6.2 Kringgesprek en oefening bespreken
6.3 Oefening 'zich verplaatsen in een ander': horen hoe iemand zich voelt
6.4 Oefening 'zich verplaatsen in een ander en met hem samenwerken': tekening afmaken
6.5 Oefening 'zich verplaatsen in een ander': puzzelstukjes neerleggen
6.6 Gevoelens-Pim-Pam-Pet
6.7 Oefening voor thuis
6.8 Benodigdheden
6.9 Samenvatting

6.1 Theoretische referte

In deze zitting wordt gewerkt aan het cognitief en gedragsmatig onder controle krijgen van de sociaal-cognitieve vaardigheid 'zich verplaatsen in de ander'.
Door 'zich te verplaatsen in' kan het kind zich losmaken van zijn eigen perspectief en vanuit de positie of rol van de ander het perspectief van de ander

afleiden. Het betreft de vaardigheid om het perspectief van de ander af te leiden, of vanuit de positie of rol van een ander te verklaren waarom die ander een bepaald perspectief heeft.

Dodge stap 3 en 4 in combinatie met probleemoplossen:
- Stap 3: Zoeken naar de juiste respons en zo veel mogelijk verschillende oplossingen bedenken.
- Stap 4: Uitkiezen van de beste respons, na afweging van voor- en nadelen op korte en lange termijn.

Het weekverslag wordt ingevuld.

6.2 Kringgesprek en oefening bespreken (20 minuten)

<<Hoe was het om iets aardigs tegen een ander te zeggen? Hoe voelde je je daarbij?
    Wat was er leuk of niet leuk toen je samen met een ander kind speelde?
    Waardoor lukte het wel en waardoor niet (het uitnodigen en samen spelen)?>>
    Grijp de problemen waarmee de kinderen komen aan om de stappen van probleemoplossen opnieuw te bespreken.
    Het komt vaak voor dat de kinderen alleen iets vertellen over wat er leuk was met een ander. Leg de kinderen dan uit dat ze aan de groep meedoen omdat er dingen vaak níet goed verlopen in de omgang met andere kinderen. Voor de problemen waarmee ze komen, kunnen in de groep oplossingen worden bedacht.

6.3 Oefening 'zich verplaatsen in een ander': horen hoe iemand zich voelt (10 minuten)

<<De vorige keer hebben we vooral gelet op het kijken en zien hoe iemand zich voelt.>> De therapeut herhaalt het nut van het zich verplaatsen in de ander. <<Nu doen we een oefening waarbij het om horen gaat. Horen hoe iemand zich voelt.>>
    De kinderen (draaien hun stoel om en) gaan allemaal met hun rug naar het midden van de kring zitten en lezen (van een kaartje) elk een zinnetje op met een bijbehorend gevoel:
- geschrokken: 'ik ben mijn pen vergeten';
- zeurderig: 'ik kan nog niet slapen';
- enthousiast: 'wat een weertje hè';
- pijnlijk: 'ik ben gevallen';
- blij en verrast: 'hé, daar is de bus al!';

- trots: 'kijk eens wat ik kan';
- geïrriteerd: 'wat schijnt die zon in mijn ogen, zeg';
- slaperig: 'wat heb ik een slaap';
- vermoeid: 'ik heb geen zin meer om te wandelen';
- vriendelijk: 'hé pap, ik ga je auto wassen';
- blij en opgewekt: 'kom mee, we gaan naar het zwembad';
- boos: 'geef mijn boek terug!';
- bang: 'waarom loopt u mij achterna?';
- verontschuldigend: 'ik heb de bus gemist'.

Als een kind een zin heeft opgelezen, laat hij de andere kinderen om de beurt raden wat voor gevoel bij die zin hoort. Daarna vertelt hij wat voor gevoel het is. Hoe zal het zijn als je zijn gezicht erbij ziet? Laat de kinderen dit in praktijk brengen.

6.4 Oefening 'zich verplaatsen in een ander en met hem samenwerken': tekening afmaken (15 minuten)

In tweetallen opgedeeld maken de kinderen een tekening. Iedereen krijgt papier en één stift. Om de beurt – na 1 à 2 minuten roept een therapeut dat er gewisseld moet worden – wordt er getekend, voortbordurend op waar de ander is gebleven. Er mag niet met elkaar worden gepraat. Na afloop worden elkaars bedoelingen tijdens het tekenen besproken. Ook wordt bekeken of de kinderen goed hadden geraden wat de ander aan het tekenen was, of: zich goed had verplaatst in de ander. Er wordt nog eens hetzelfde gedaan, nu met andere tweetallen. De therapeuten stellen de groepjes samen.

6.5 Oefening 'zich verplaatsen in een ander': puzzelstukjes neerleggen (15 minuten)

De kinderen werken in groepjes van twee. Iedereen krijgt een enveloppe met puzzelstukjes (zie bijlage 8). De kinderen gaan op de grond zitten met de ruggen tegen elkaar. (Alternatief: kind A gaat tegenover kind B zitten. Tussen hen in staat een scherm.)

A legt een willekeurige figuur van alle stukjes. De stukjes moeten elkaar wel raken. A legt aan B uit hoe hij de stukjes moet neerleggen. B legt de stukjes neer en mag niets zeggen, geen instemmende geluiden maken en geen vragen stellen. Daarna wordt besproken wat goed ging en wat eventueel fout ging. Dan wordt van rol gewisseld.

In een nieuwe ronde leggen de spelers om de beurt weer een figuur, maar nu mogen ze praten en vragen stellen.

De therapeut let bij de aanwijzingen die de kinderen geven op de mate van egocentriciteit, bijvoorbeeld: 'leg deze hier neer', in plaats van 'leg een vierkant rechts tegen de lange zijde van de driehoek'.

Nabespreking
De therapeut maakt de kinderen erop attent dat het leggen van een figuur zonder erbij te praten meestal beter gaat: je concentreert je dan beter op alle informatie die je krijgt. Door het praten blijft soms informatie in de lucht hangen. Misschien doet degene die de informatie geeft meer zijn best om het duidelijk uit te leggen als hij weet dat de ander niet de kans heeft om vragen te stellen.

Wanneer je een ander iets vertelt:
– <<moet je je erg concentreren en er niet teveel van uitgaan dat de ander het wel weet;
– vergeet je gemakkelijk details te noemen of geef je juist (als je denkt dat de ander het niet snapt) veel te veel details;
– moet je proberen het zo eenvoudig mogelijk te vertellen met zo weinig mogelijk woorden.>>
– Wanneer je naar een ander luistert:
– <<denk je vaak te snel dat je al weet wat de ander zal gaan zeggen; luister goed, denk na en leg daarna het puzzelstukje;
– bedenk dat, als je eenmaal een puzzelstukje verkeerd hebt gelegd of verkeerde informatie hebt gekregen, de rest vaak ook niet meer klopt;
– begrijp je de informatie soms niet, omdat je een woord of een uitdrukking niet begrijpt; als je dat niet durft te zeggen, gaat het vaak daarna niet goed;
– kan een misverstand ontstaan, omdat je de ander niet verstaat.>>

Hoe voorkom je misverstanden?
– <<Probeer je te verplaatsen in de ander en zo te begrijpen of het wel duidelijk is wat die ander te horen krijgt.
– Als er gesproken mag worden, vraag dan gewoon of alles wel duidelijk is.
– Let goed op de ander: of die een signaal geeft van onbegrip, bijvoorbeeld zijn schouders ophaalt of zucht.
– Probeer duidelijk en rustig te praten.
– Neem de tijd. Hoe snel het gaat is niet belangrijk, wel dat het goed gaat.
– Voordat je begint: even nadenken hoe je het gaat zeggen.
– Als je twijfelt of het wel duidelijk is, vertel je het gewoon nog een keer.>>

6.6 Gevoelens-Pim-Pam-Pet (10 minuten)

De kinderen mogen om de beurt aan het draaischijfje (dat bij het Pim-Pam-Pet-spel hoort) draaien en de letter noemen die ze zien wanneer het draaischijfje stopt. Voor elk gevoel dat genoemd wordt krijgen de kinderen een punt (níet voor het noemen van dezelfde gevoelens). Bij moeilijke letters kunnen de therapeuten bonuspunten geven. De therapeuten noteren de gevoelens om de volgende keer weer mee te geven aan de kinderen voor hun gevoelens-woordenboek. Het kind met de meeste punten is de winnaar.

6.7 Oefening voor thuis (3 minuten)

Alle onderdelen van de vorige keren die van belang zijn om op een leuke manier met een ander kind te kunnen spelen worden herhaald.

Iedereen zegt deze week iets aardigs tegen een ander en let op of iemand iets aardigs tegen hem zegt (hoe vind je dat?).

Iedereen probeert deze week met iemand bij zichzelf of bij een ander thuis te spelen.

6.8 Benodigdheden

– Flip-over met de gevoelens van 4.3.
– Draaischijfje van Pim-Pam-Pet-spel en zandlopertje.
– Kaartjes met zinnetjes voor oefening 6.3.
– Tekenpapier en stiften in vier verschillende kleuren voor oefening 6.4.
– Puzzelstukjes en scherm voor oefening 6.5.

6.9 Samenvatting

Wat hebben we gedaan?
– Iedereen vertelde hoe het was om iemand een complimentje te geven. Meestal vonden anderen dat prettig. Je kreeg vaak een complimentje terug.
– Afgelopen week hebben we met iemand gespeeld. Dingen die niet zo goed gingen hebben we besproken. We hebben samen naar oplossingen gezocht om een volgende keer te kunnen gebruiken.
– Je kan aan iemands stemgeluid horen hoe hij zich voelt. Daar speciaal op letten heet 'je verplaatsen in de ander'. Het is alsof je in de schoenen van die ander staat. Op die manier kan je je beter voorstellen wat een ander ziet. Met nog drie oefeningen hebben we geleerd hoe je je kunt verplaatsen in een ander.
– We hebben met een oefening ons gevoelens-woordenboek vergroot.

Wat kan ik ermee doen?
– Als ik iets samen doe met andere kinderen komt er wel eens ruzie, bijvoorbeeld met spelen.

- Aan 'hoe hij kijkt en hoe hij loopt' kan ik soms zien wat hij van plan is. Daaraan kan ik zien of hij iets vervelends van plan is, of iets leuks of gezelligs. Ik houd daar rekening mee.
- Ik heb gemerkt dat ik me nu beter kan verplaatsen in andere kinderen. Ik weet nu dat iets vervelends (bijv. mij aanstoten) vaak per ongeluk gebeurt. Als nu zoiets gebeurt, kan ik het er gemakkelijker met een ander over hebben. Ik weet hoe ik het kan oplossen. Bovendien leer ik elke keer hoe het een volgende keer beter kan.
- Ik geef andere kinderen meer complimentjes. Ik begrijp andere kinderen beter. Zij vinden mij nu aardiger. En het komt vaker voor dat andere kinderen willen meespelen met wat ik wil gaan doen.

Zitting 7: Zelfcontrole en zelfinstructie II en III (70 minuten)

7.1 Theoretische referte
7.2 Kringgesprek en oefening bespreken
7.3 Oefening 'zelfcontrole en zelfinstructie II': een toren bouwen
7.4 Oefening 'monitoring, expliciteren van consequenties': woedebeheersing
7.5 Oefening 'zelfcontrole en zelfinstructie III': rollenspel
7.6 Dvd 'relateren': Pingu en het ijshockeytoernooi
7.7 Oefening voor thuis
7.8 Benodigdheden
7.9 Samenvatting

7.1 Theoretische referte

In deze zitting wordt gewerkt aan het cognitief en gedragsmatig onder controle krijgen van de sociaal-cognitieve vaardigheid 'relateren'.
Bij relateren gaat het om het leggen van causale relaties tussen minstens twee perspectieven en hun oorzaken en vice versa.
Dodge stap 3, 4 en 5 in combinatie met probleemoplossen:
- Stap 3: Zoeken naar de juiste respons en zo veel mogelijk verschillende oplossingen bedenken.
- Stap 4: Uitkiezen van de beste respons, na afweging van voor- en nadelen op korte en lange termijn.
- Stap 5: Uitvoeren van de gekozen respons.

Het weekverslag wordt ingevuld.

7.2 Kringgesprek en oefening bespreken (20 minuten)

<<Wat hebben jullie voor aardigs tegen anderen gezegd? Hoe was dat? Hoe voelden jullie je verder vandaag (of preciezer: vanmorgen, vanmiddag, op school, thuis.)?>>

<<Wat was er niet leuk in de omgang met een ander? Waardoor kwam dat? Hoe zou je dat kunnen oplossen? Weten jullie ook andere oplossingen voor de problemen waar ieder mee komt?>>

Tot nu toe luisterden de kinderen praktisch alleen naar elkaar. Nu nodigt de therapeut de kinderen uit om elkaar aan te vullen, bij de ander aan te sluiten of erop in te gaan wanneer het met het onderwerp te maken heeft. Complimentjes geven wordt ook aangemoedigd. De therapeut geeft ook aan hoe kinderen op een complimentje kunnen reageren: met 'dank je wel' of 'wat aardig van je'. De kinderen mogen niet het verhaal overnemen. Als een kind een opmerking plaatst die precies past in het verhaal van een ander kind, of als een kind een vraag stelt over wat een kind vertelt, dan schenkt de therapeut hier extra aandacht aan en beloont dit gedrag.

7.3 Oefening 'zelfcontrole en zelfinstructie II': een toren bouwen (15 minuten)

De therapeuten doen (met z'n tweeën) het volgende voor: A probeert met zijn linkerhand (niet zijn schrijfhand) in een ovenwant in twee minuten tijd een toren te maken van damstenen. B probeert de concentratie van A te verstoren op een eigen, creatieve manier, zonder A aan te raken.

A moet zich 'wapenen' tegen de afleidingsmanoeuvres van B en tegelijkertijd probeert hij zijn moeilijke opgave binnen twee minuten te voltooien. Dit vergt zelfbeheersing c.q. zelfcontrole van A en dit lukt onder andere door zelfinstructie. Taal remt impulsiviteit. Door hardop te denken kan A een voorbeeld zijn voor de kinderen.
- A: <<Dat is lastig, zeg, met mijn linkerhand en die rottige want. Maar dit is simpel. Ik zal eens een flinke toren bouwen.>>
- B: <<Hé A, wat heb je daar. Moet je eens kijken...>>
- A: <<Ik luister niet naar B.>>
- B: <<A, hoor je me niet? Je kan iets heel lekkers krijgen, pak aan...>> (doet net alsof).
- A: <<Ik laat me niet uit mijn concentratie halen. Dit wordt een mooie toren.>>
- B: <<Hé, sukkel. Kijk nou toch eens!>>
- A: <<Gaan we schelden? Daar trap ik mooi niet in. Hij probeert me alleen uit mijn concentratie te halen.>>
- B: <<Toch kan je er niks van. Je hebt twee linkerhanden...>>
- Enzovoort.

De therapeuten vertellen de kinderen dat zij hebben voorgedaan hoe je door hardop te denken controle kunt houden over je agressieve gevoelens. Dat ze het hebben voorgedaan met hardop denken, maar dat dat in het gewone leven natuurlijk niet gaat. Dat je je met deze manier van denken kunt beheersen en je kunt blijven concentreren op andere dingen. Taal (denken) remt het meteen reageren (doen).

De kinderen kunnen deze oefening twee aan twee doen. Er kan een wedstrijdje van worden gemaakt: de hoogste toren wint. Het kan moeilijker worden gemaakt door één kind te laten bouwen en drie kinderen te laten afleiden.

Hoe grover de kinderen worden uitgescholden, des te moeilijker zal het voor het bouwende kind zijn om zich niet van de wijs te laten brengen.

<<Anderen lokken je uit en laten je erin stinken – in de hoop dat jij je zelfbeheersing verliest. En dan hebben zij gewonnen en jij niet.>>

De therapeuten bespreken dit met de kinderen.

7.4 Oefening 'monitoring', 'expliciteren van consequenties': woedebeheersing (15 minuten)

Iedere therapeut werkt apart met twee kinderen. De therapeut vraagt elk kind naar verschillende soorten van boos zijn, kwaad zijn, woede en naar de frequentie en de intensiteit daarvan, van 'neutraal boos' tot aan 'razende woede'. Vervolgens probeert de therapeut samen met het kind de verschillende vormen van lichamelijke opwinding (*arousal*) te beschrijven. Het kind noemt situaties waarin de verschillende stadia van boosheid/woede zich voordoen.
Stadia van een woedeaanval zijn:
– humeurig, snel geïrriteerd;
– gaat zeuren, doet iets wat niet mag;
– gaat uitdagen, dreigen, schreeuwen en ten slotte schoppen en slaan;
– is voor geen enkele rede vatbaar;
– loopt weg (vlucht, zoekt rust) of gaat door tot het uiterste;
– weet zich geen raad, wil het er niet over hebben (over wat er is gebeurd).

Vragen die met het kind worden doorgenomen en die het kind zichzelf moet leren stellen om meer controle te kunnen krijgen over zijn boosheid zijn:
– Wanneer begin ik te merken dat ik boos word?
– Waardoor wordt de boosheid erger?
– Wat zijn de gevolgen, positief en negatief, van de woede?
– Wat zijn de alternatieven?

Hierbij worden de stappen van Dodge en de probleemoplossingsstappen doorlopen. Herkenning van het begin van de boosheid zorgt voor het kiezen en in praktijk brengen van ander gedrag. Therapeut en kind beginnen met de minst moeilijke situaties aan te pakken. Ze staan stil bij lichamelijke signalen en het denken (zelfspraak) tijdens de verschillende stadia van een gebeurtenis. De kinderen hebben de neiging om alle lichamelijke opwinding te benoemen als 'boos'. De therapeut kan refereren aan zitting 4: gevoelens leren onderscheiden en benoemen bij jezelf en bij de ander. Wanneer het kind verschillende betekenissen leert geven aan zijn lichamelijke opwinding, zal zijn boosheid minder worden. Het is dan geen grote brij meer voor het kind. Kreeg alles eerst de betekenis 'boos', nu leert het kind aan zijn lichamelijke opwinding verschillende betekenissen te geven. Dat zorgt ervoor dat de hoeveelheid gevoelens van 'boos' sowieso minder zal worden. De therapeut herinnert het kind eraan dat het zichzelf een complimentje geeft als het erin slaagt om controle te krijgen over zijn gedrag.

Voorbeeld: zie bijlage 12.

7.5 Oefening 'zelfcontrole en zelfinstructie III': rollenspel (10 minuten)

Bekende alledaagse situaties zijn:
- Je wordt aangestoten op het schoolplein.
- Op de trap raakt iemand je aan.
- Je wilt met zijn allen door die ene deur van de kleedkamer na het schoolzwemmen, van de school na het speelkwartier, van de bioscoop, van de bus, van de feesttent.

<<Wat doe je, als iemand je aanraakt?>> (de stappen van Dodge)
    <<Gebeurt het expres of per ongeluk? Hoe kom je daarachter? Vraag je jezelf dat af, dan rem je het onmiddellijk handelen. Door er eerst over na te denken, voorkom je al dat je meteen gaat slaan.>>
In een rollenspel worden de bovenstaande situaties nagespeeld:
1 zoals de kinderen gewend zijn om te reageren;
2 met hardop denken (de therapeuten doen het eventueel voor).

Het doel van de oefening 'zelfcontrole en zelfinstructie' is:
1 Onder controle krijgen van de door het aanraken ontstane lichamelijke opwinding (arousal). Dit kan door jezelf te dwingen de situatie te analyseren (praten in jezelf).
2 Toepassen van de verschillende betekenissen die je nu kunt geven aan 'boos' (zie de vorige oefening).

7.6 Dvd 'relateren': Pingu en het ijshockeytoernooi (5 minuten)

Er worden aan de hand van dit filmfragment vragen aan de kinderen gesteld over de sociaal-cognitieve vaardigheid 'relateren' (zie bijlage 9).
    Een andere mogelijkheid is een filmfragment aan de kinderen te laten

zien van bijvoorbeeld tekenfilms als Tom Sawyer of Oliver Twist. Dat moet dan een filmfragment zijn met de volgende kenmerken: het laat een conflict zien tussen een hoofdpersoon met wie de kinderen zich kunnen identificeren en een 'slechterik'; bij de tekenfilmfiguren kan men duidelijke non-verbale gevoelens zien. Het conflict wordt op een goede manier opgelost, de hoofdpersoon en de 'slechterik' gaan aan het eind in goede verstandhouding uit elkaar.

7.7 Oefening voor thuis (3 minuten)

Ieder kind vraagt iemand om samen te gaan spelen bij zichzelf thuis of bij de ander. De kinderen oefenen het geven van complimentjes en het iets vragen van een ander.

7.8 Benodigdheden

– Ovenwant of skihandschoen, damstenen en een stopwatch.
– Dvd van (bijvoorbeeld) Pingu.

7.9 Samenvatting

Wat hebben we gedaan?
– Vandaag hebben we heel hard gewerkt.
– Op verschillende manieren hebben we geoefend hoe je jezelf kunt beheersen, hoe je controle over jezelf kunt hebben. Ook wanneer anderen je uitdagen op allerlei manieren.
– We hebben geleerd hoe je jezelf onder controle kunt houden als anderen je expres storen en zelfs als anderen je aanraken.
– We stonden stil bij wat er gebeurt als je je agressief voelt. En hoe je die agressieve gevoelens onder controle kunt houden. Dat was moeilijk en dat gaan we vaker oefenen.

Wat kan ik ermee doen?
– Ik weet nu beter wanneer ik me agressief ga voelen.
– De agressieve en boze gevoelens herken ik eerder en ik kan me daardoor gemakkelijker beheersen.
– Ik heb geleerd dat andere kinderen mij soms expres boos willen maken. Zij lokken dat uit door mij uit te dagen of aan te stoten. Het is een val waar ze mij in willen laten trappen. Net zoals ze bij voetbal iemand een rode kaart willen aansmeren. Ik weet nu wat ik tegen mezelf kan zeggen zodat ik er níet intrap en níet agressief word.

Zitting 8: Probleemoplossingsvaardigheden (70 minuten)

8.1 Theoretische referte
8.2 Kringgesprek en oefening bespreken
8.3 Oefening 'responskeuze en zelfcontrole': rollenspel
8.4 Oefening 'zelfcontrole en responskeuze': je invoegen in een groep
8.5 Uitleg 'vluchten, vechten en aanpakken en je invoegen'
8.6 Oefening 'zelfcontrole en responskeuze': vluchten, vechten en aanpakken
8.7 Evaluatie
8.8 Oefening voor thuis
8.9 Benodigdheden
8.10 Samenvatting

8.1 Theoretische referte

In deze zitting wordt gewerkt aan het cognitief en gedragsmatig onder controle krijgen van de sociaal-cognitieve vaardigheid 'coördineren'.
　　　Het kind ontdekt de mogelijkheid dat iedereen in een sociale situatie het perspectief kan afleiden van een ander. Het kind kan vanuit een derdepersoonspositie de perspectieven van twee of meer op elkaar betrokken personen in een sociale situatie overzien.
　　　Dodge stap 4, 5 en 6 in combinatie met probleemoplossen:
– Stap 4: Uitkiezen van de beste respons, na afweging van voor- en nadelen op korte en lange termijn.
– Stap 5: Uitvoeren van de gekozen respons.
– Stap 6: Stilstaan bij de uitvoering van de gekozen respons. Je afvragen of het uitvoeren goed ging en of het een volgende keer beter zou kunnen. Dit onthouden en toepassen bij de volgende stap.

Het weekverslag wordt ingevuld.

8.2 Kringgesprek en oefening bespreken (20 minuten)

<<Hoe is het om complimentjes te krijgen en te geven?
　　　Hoe is het om iets te vragen van een ander en hoe is het wanneer iemand anders iets van jou vraagt?>>

8.3 Oefening 'responskeuze en zelfcontrole': rollenspel (10 minuten)

Bij deze oefening leren de kinderen op een andere manier dan ze gewend zijn met een meningsverschil omgaan. Ze leren te onderhandelen en een ander over te halen zonder agressief te worden. Ze leren niet alleen de eigen wensen en behoeften te laten zien, maar ook die wensen en behoeften te verdedigen met argumenten in plaats van met 'geweld'.

<<Je wilt iets heel graag hebben of doen, maar de ander wil dat niet. Je probeert dit dan op te lossen (het met elkaar eens te worden) zonder dat er ruzie komt.>>

Een opdracht om dit te oefenen kan de volgende zijn.

<<Het is Koninginnedag. Op de vrijmarkt verkoop je oud speelgoed van jezelf. Een vriendje van je wil wat kopen, maar vindt het te duur.

Hoe kom je tot een oplossing, een compromis?>>

De therapeut laat vervolgens elk ander kind voordoen hoe hij het zou aanpakken.

Kies twee kinderen die het volgende gaan spelen, met de therapeut erbij in de rol van de verkoper.

Een echtpaar gaat een bank kopen. Ze willen allebei een andere kleur bank. Wat zal het worden? Een tweezits- of een driezitsbank? Een ronde of een vierkante? Met of zonder kussens? Een dure of een goedkope? En moet hij niet passen bij de andere spullen in de woonkamer? Is hij niet te groot, niet te klein?

Wat kiezen ze? Hoe komen zij tot een compromis?

Het echtpaar gaat hierna onderhandelen met de verkoper.
Naderhand wordt met de kinderen besproken:
– hoe het onderhandelen verliep;
– hoe de verschillende reacties waren;
– wat er goed ging;
– hoe het onderhandelen ook anders zou kunnen gaan.

8.4 Oefening 'zelfcontrole en responskeuze': je invoegen in een groep (15 minuten)

De kinderen krijgen de opdracht om één voor één voor te doen hoe zij zich zouden invoegen (zoals zij tot nu toe gewend zijn) in een groepje spelende kinderen waardoor ze worden afgewezen. De therapeut schrijft met het oog op de nabespreking op hoe elk kind reageert.
Na de opdracht wordt met de kinderen besproken:
– hoe het verliep;
– de verschillende reacties;
– wat er goed ging;
– hoe het ook anders zou kunnen (de probleemoplossingsstappen worden herhaald).

8.5 Uitleg 'vluchten, vechten en aanpakken en je invoegen' (5 minuten)

<<Je kunt dus vluchten, vechten of aanpakken.>>
De therapeut legt uit wat vluchten, vechten en aanpakken in de praktijk inhouden (zie 8.6).
Vervolgens wordt uitgelegd (en op de flip-over geschreven) waarop de kinderen verder moeten letten bij 'je invoegen':
– Sluit aan bij het onderwerp waarover de andere kinderen het hebben.
– Kies een goed moment uit om iets te zeggen, bijvoorbeeld als er even een stilte valt.
– Spreek één of een paar kinderen aan die het dichtste bij je staan: als je in het algemeen vraagt 'mag ik de pindakaas?' is dat veel onduidelijker dan als je het vraagt aan degene die naast je zit.
– Maak oogcontact.
– Praat luid en duidelijk.

8.6 Oefening 'zelfcontrole en responskeuze': vluchten, vechten en aanpakken (15 minuten)

Vluchten, vechten en aanpakken worden door de kinderen gespeeld. Eén kind wijst af, de andere drie kinderen spelen één voor één 'vluchten, vechten en aanpakken'.
Daarna wordt geoefend hoe je kunt onderhandelen.
– Vluchten/weglopen: Je voelt je afgewezen, en dat is veel vaker gebeurd. Je wilt niet dat dat nog een keer gebeurt. Je wacht nu af tot ze jou vragen, dan weet je tenminste zeker dat ze met jou willen spelen.
– Vechten: Je wordt boos en er komt ruzie. De andere kinderen worden ook boos. Nu mag je helemaal niet meer meespelen. Voorlopig?
– Aanpakken/onderhandelen: 'Wanneer mag ik wel meedoen? Zal ik even wachten?' Wanneer het echt niet lukt: 'Jammer. Het leek mij leuk om met jullie te spelen. Misschien mag het de volgende keer wel' (luid en duidelijk). Flink weglopen (houding).

8.7 Evaluatie (5 minuten)

Er wordt een samenvatting gegeven van wat in deze zitting is geoefend.

8.8 Oefening voor thuis (3 minuten)

Ieder kind probeert zich deze week bij een groepje aan te sluiten, bijvoorbeeld op het schoolplein of bij het buitenspelen. Het groepje moet minimaal uit twee kinderen bestaan.

8.9 Samenvatting

Wat hebben we gedaan?
– We hebben complimentjes geven en krijgen geoefend.
– We hebben 'iemand vraagt iets van jou en jij vraagt iets van iemand' geoefend.
– Ruzies over bijvoorbeeld 'wat zullen we gaan spelen' kunnen worden opgelost door te onderhandelen. Onderhandelen betekent luisteren naar de ander en rustig vertellen wat jíj wilt. Uiteindelijk lukt het om eruit te komen.
– Iedereen heeft laten zien hoe hij zich aansluit bij een groepje en hoe hij reageert als hij niet mag meedoen. Daarna hebben we stilgestaan bij wat er goed ging en hoe het beter kan.
– Niet vluchten of vechten, maar aanpakken is de beste manier om je aan te sluiten bij een groepje.

Wat kan ik ermee doen?
– Ik kan complimentjes geven of krijgen:
    o 'Wat ben je lekker bruin van de vakantie.'
    o 'Wat heb je mooie schoenen.'
    o 'Dat T-shirt staat je goed.'
    o 'Daar ben jij goed in.'
    o 'Dat heb je goed gedaan!'
    o 'Dat is aardig van je.'
    o 'Fijn dat je eraan gedacht hebt om je Pokémon-kaarten mee te nemen.'
– Aan een ander kind kan ik heel veel verschillende dingen vragen.
    o 'Mag ik jouw bal even lenen?'
    o 'Kun je me even helpen?'
    o 'Zullen we samen spelen?'
    o 'Weet jij waar je die mooie stickers kan krijgen?'
– Ik heb geoefend hoe ik mij het beste kan aansluiten bij een groepje en ga dat nu zo doen. Door het steeds vaker zo te doen, zal het gemakkelijker gaan. Dat is de bedoeling. Ik zal iedere keer opletten of het wel goed gaat. Daar leer ik weer van om het een volgende keer weer beter te kunnen doen.
– Ik heb met onderhandelen geleerd dat ik ruzie kan voorkomen. Dat ga ik vaker doen.

Zitting 9: Zelfcontrole en zelfinstructie IV met cue-exposure (70 minuten)

9.1 Theoretische referte
9.2 Kringgesprek en oefening bespreken
9.3 Oefening 'responskeuze en zelfcontrole': binnenkomen
9.4 Oefening 'responskeuze en zelfcontrole': je invoegen
9.5 Oefening 'zelfcontrole': je invoegen met cue-exposure
9.6 Oefening 'zelfcontrole': raden waar de ander staat
9.7 Evaluatie
9.8 Oefening voor thuis
9.9 Benodigdheden
9.10 Samenvatting

9.1 Theoretische referte

In deze zitting wordt gewerkt aan het cognitief en gedragsmatig onder controle krijgen van de sociaal-cognitieve vaardigheid 'verdisconteren of rekening houden met'.

Verdisconteren gaat om het rekening houden met de perspectieven van de ander. Het kind is zich ervan bewust dat het perspectief van de ander invloed heeft op zijn eigen perspectief en weet dat het het perspectief van de ander kan beïnvloeden door daarmee rekening te houden in het eigen gedrag.

Dodge stap 4, 5 en 6 in combinatie met probleemoplossen:
– Stap 4: Uitkiezen van de beste respons, na afweging van voor- en nadelen op korte en lange termijn.
– Stap 5: Uitvoeren van de gekozen respons.
– Stap 6: Stilstaan bij de uitvoering van de gekozen respons. Je afvragen of het uitvoeren goed ging en of het een volgende keer beter zou kunnen. Dit onthouden en toepassen bij de volgende stap.

Het weekverslag wordt ingevuld.

9.2 Kringgesprek en oefening bespreken (20 minuten)

<<Heb je je bij een groepje aangesloten? Hoe is dat gegaan? Hoe voelde je je daarbij? Hoe voelde(n) de ander(en) zich?

Hoe verliep het spelen met een ander kind?

Hoe is het om complimentjes te geven en te krijgen (over uiterlijk/kleding, over waar je goed in bent/iets wat je goed hebt gedaan en over wat er aardig aan je is)?

Heb je iets gevraagd van iemand (te leen, hulp, om iets te weten te komen of om iets te doen)?>>

Ieder kind krijgt precies vijf minuten, omdat er in korte tijd steeds meer onderwerpen worden besproken. Hulpmiddel: een kookwekker.

9.3 Oefening 'responskeuze en zelfcontrole': binnenkomen (10 minuten)

<<Hoe kom je de klas in en loop je naar je plaats om te gaan zitten? Hoe kom je op een feestje/verjaardag binnen?>>

De kinderen laten om de beurt zien hoe zij binnenkomen. De anderen spelen mee. Ieder kind laat vervolgens zien hoe hij het liefst zou willen binnenkomen.

De therapeut let erop dat de kinderen gestimuleerd worden en complimentjes krijgen, ook van de andere kinderen.

9.4 Oefening 'responskeuze en zelfcontrole': je invoegen (10 minuten)

<<Hoe pak je het aan om te mogen meedoen met andere kinderen?>>

De kinderen gaan invoeg-rollenspellen doen. Deze rollenspellen lopen op in moeilijkheidsgraad.

Situatieschets: drie kinderen zijn met elkaar aan het praten over een tv-programma, muziek of sport. Het overgebleven kind laat zien hoe hij zich invoegt. Daarna worden de rollen omgedraaid.

De oefening wordt opgenomen met de videocamera en per kind wordt nabesproken wat goed ging en wat beter zou kunnen. Hierbij wordt de theorie over je invoegen uit zitting 8 herhaald.

De moeilijkheidsgraden zijn:
– Het kind wordt meteen door de groep toegelaten.
– De groep houdt het kind een tijdje af voordat het mag meedoen.
– De groep wil het kind niet toelaten.

De therapeut laat de kinderen zien dat elk kind een eigen manier heeft van zich invoegen: hoe hij erbij staat (flink of met hangende schouders) en hoe hij vraagt of hij mag meedoen.

De therapeut vraagt de kinderen hoe het voelt als ze wél worden toegelaten en als ze níet worden toegelaten. Hij wijst erop dat andere kinderen in dezelfde situatie zich ook zo kunnen voelen.

9.5 Oefening 'zelfcontrole': je invoegen met cue-exposure (10 minuten)

De kinderen wordt gevraagd in een kring te gaan staan. Zij houden elkaars handen vast en gaan hand in hand in de rondte lopen. De therapeuten doen mee.

Eén kind moet proberen om in de kring te komen (symbolisch: proberen bij een groep te horen). Alle kinderen komen een keer aan de beurt.
Het doel van de oefening is:
– De kinderen leren met provocatie om te gaan.
– Het bevorderen van generalisatie naar dagelijkse situaties.

De therapeut legt de kinderen uit dat ze in de kring moeten proberen te komen zonder fysiek geweld te gebruiken. Hij complimenteert de kinderen wanneer ze de verleiding weerstaan om te slaan of te schoppen.

De therapeut legt ook uit dat kinderen er vaak op uit zijn om ervoor te zorgen dat de ander zijn zelfbeheersing verliest. Dat het juist heel sterk is om jezelf te kunnen inhouden. Net als bij voetbal speel je het beste als je je goed concentreert en je niet laat verleiden tot agressief gedrag.

9.6 Oefening 'zelfcontrole': raden waar de ander staat (10 minuten)

Een kind zit in een stoel met een blinddoek om en met de rug naar de groep. Een ander kind loopt zo geruisloos mogelijk naar het geblinddoekte kind toe. Het geblinddoekte kind moet raden (wanneer hem dat wordt gevraagd) waar het kind dat naar hem toe sluipt staat: links, rechts of achter hem. Raadt het kind het niet, dan mag hij drie tellen gekieteld worden door het andere kind.

Elk kind uit de groep mag een keer raden en een keer naar een ander kind toe sluipen.

9.7 Evaluatie (7 minuten)

Wat in deze zitting is geleerd, wordt samengevat.

9.8 Oefening voor thuis (3 minuten)

Ieder kind probeert deze week (weer) zich bij een groepje aan te sluiten zonder agressief te worden; ook als het groepje weigert.

9.9 Benodigdheden

– Eventueel een kookwekker.
– Blinddoek.
– Videocamera en tv-toestel.

9.10 Samenvatting

Wat hebben we gedaan?
– We hebben allerlei zelfcontroleoefeningen gedaan.
– Iedereen heeft voorgedaan hoe hij elke dag de klas binnenkomt en op zijn plaats gaat zitten. En iedereen liet zien hoe hij op een verjaardag of een feestje de kamer binnenkomt. Daarna hebben we besproken wat er goed ging. En vervolgens hebben we geoefend hoe het beter kan.
– We hebben 'zich aansluiten bij een groep' op allerlei moeilijke manieren geoefend. Dit vooral om onze agressieve gevoelens onder controle te krijgen. We zagen hoe het ten slotte kan lukken. Dit is op dvd opgenomen en besproken.
– We hebben zelfcontrole nadat iemand je heeft aangeraakt geoefend.
– We hebben geleerd hoe je zonder schoppen, slaan of schelden dingen voor elkaar kunt krijgen.
– We hebben geleerd hoe je een taak waarmee je bezig bent goed kunt doen. Dat kan door je goed te concentreren. Dat gaat gemakkelijker als je weet wat je tegen jezelf kan zeggen. Dan word je niet afgeleid door wat andere kinderen tegen je zeggen. En zo houd je je eigen agressieve gevoelens onder controle.

Wat kan ik ermee doen?
1 Als er kinderen met elkaar aan het spelen zijn, heb ik zin om mee te doen. Ik ga vragen of ik mag meedoen.
2 Ik heb geleerd te letten op de stemming van kinderen die met elkaar aan het spelen zijn. Is de stemming goed, dan kan ik waarschijnlijk wel meedoen.
3 Het hangt er ook van af of ze normaal gesproken niet moeilijk doen. En hoe zij zich voelen. Wat zijn hun plannen? Aan het kind dat het gemakkelijkst zal zeggen 'doe mee', vraag ik of ik mag meedoen.
4 Ik kan nu mijn boosheid of agressieve gevoelens onder controle houden. Ook als iets niet meteen goed gaat, of als iets niet meteen gaat zoals ik het wil.
5 Als anderen mij uitdagen en aanraken, kan ik mezelf ook onder controle houden. Dat kan ik nu omdat ik me concentreer op wat ik wil gaan doen. En ik weet nu wat ik tegen mezelf kan zeggen, zodat het ook lukt.
6 Lukt het niet helemaal, dan blijf ik mezelf stimuleren. Dat doe ik door mezelf een complimentje te geven voor wat ik wél goed heb gedaan. De volgende keer kan ik dan proberen de rest goed te doen.

Zitting 10: Voor jezelf opkomen mét zelfcontrole (70 minuten)

10.1 Theoretische referte
10.2 Kringgesprek en oefening bespreken
10.3 Oefening 'responskeuze, probleem oplossen': voor jezelf opkomen
10.4 Oefening 'zelfcontrole': bespreken en voordoen
10.5 Evaluatie
10.6 Benodigdheden
10.7 Samenvatting

10.1 Theoretische referte

In deze zitting wordt gewerkt aan het cognitief en gedragsmatig onder controle krijgen van:
Dodge stap 1 t/m 6 in combinatie met probleemoplossen:
Stap 1: Waarnemen en begrijpelijk maken van signalen en tekens uit de omgeving en bij jezelf.
Stap 2: Een betekenis geven aan de waargenomen signalen en tekens.
Stap 3: Zoeken naar de juiste respons en zo veel mogelijk verschillende oplossingen bedenken.
Stap 4: Uitkiezen van de beste respons, na afweging van voor- en nadelen op korte en lange termijn.
Stap 5: Uitvoeren van de gekozen respons.
Stap 6: Stilstaan bij de uitvoering van de gekozen respons. Je afvragen of het uitvoeren goed ging en of het een volgende keer beter zou kunnen. Dit onthouden en toepassen bij de volgende stap.

Het weekverslag wordt ingevuld.

10.2 Kringgesprek en oefening bespreken (20 minuten)

<<Heb je je bij een groepje aangesloten? Hoe is dat gegaan? Hoe voelde je je erbij? Hoe verliep het spelen met een ander kind?
Hoe was het om complimentjes te geven en te krijgen?
Heb je iets gevraagd van iemand (te leen, hulp, om iets te weten te komen of om iets te doen)?>>
Ieder kind krijgt vijf minuten de tijd. Hulpmiddel: een kookwekker.

10.3 Oefening 'responskeuze; probleem oplossen': voor jezelf opkomen (20 minuten)

Er worden twee teams gevormd, A en B.
Team A doet voor hoe je voor jezelf kunt opkomen als:
1 je er last van hebt dat iemand naast je zit te smakken;
2 iemand vervelende geluiden maakt of uit zijn neus zit te eten of iets dergelijks.

Vervolgens wordt met de kinderen besproken hoe je dit het beste kunt oplossen.
    Mogelijke oplossingen worden bedacht (volgens het probleemoplossingsmodel) en de beste oplossing wordt uitgezocht, bijvoorbeeld zeggen 'ik vind het vervelend dat je smakt, want ik vind dat een storend (of vies) geluid'.
    Team B speelt de volgende situatie: Iemand is op Schiphol en moet het vliegtuig halen. Hij komt erachter dat hij thuis waarschijnlijk het gas heeft laten aanstaan. Hij heeft geen mobiele telefoon bij zich en gaat naar een telefooncel, maar daar staat een hele rij mensen te wachten. Als hij moet wachten tot hij aan de beurt is, mist hij zijn vliegtuig.
    Hoe zouden de kinderen dit oplossen?
    Alle kinderen wordt vervolgens gevraagd wat zij van de oplossing van team B vonden en of zij nog andere oplossingen weten.
    Daarna wordt besproken hoe je het beste kunt laten merken waarom het echt nodig is dat je in een rij voordringt:
1 non-verbaal duidelijk maken dat het ernst is;
2 zeggen wat je zelf vindt en wat je van de ander verlangt;
3 duidelijk zijn en niet te lang van stof.

Om de beurt spelen de teams de volgende rollenspellen.
Hoe kom je voor jezelf op als je iets niet wilt in de volgende situaties?
1 je vriendje wil graag Monopoly spelen, maar jij wilt graag Stratego doen.
2 je vriendje wil graag naar de nieuwste film van ... Jij hebt die film al gezien en wilt hem niet nog een keer zien.

De rollenspellen worden samen met de andere kinderen besproken. De therapeut geeft uitleg:
1 <<zeg wat je wilt en waarom>>;
2 <<luister naar de argumenten van de ander>>;
3 <<zeg wat je niet wilt (zeg duidelijk nee) en zeg daarbij waaróm niet.>>

10.4 Oefening 'zelfcontrole': bespreken en voordoen (25 minuten)

De therapeut geeft voorbeelden van situaties die zelfcontrole vereisen (zie onderstaande voorbeelden) en vraagt de kinderen om de beurt wat de gevolgen zouden kunnen zijn als de zelfcontrole mislukt. Hij bespreekt met de kinderen situaties waarin zij moeite hebben om zichzelf in bedwang te houden (wanneer ze woedend worden) en situaties waarin het echt nodig is om jezelf onder controle te houden.

<<Wanneer slaan de stoppen door? Andere kinderen proberen je woedend te laten worden. Zij lokken je in de val om de controle over jezelf te verliezen en laten je erin stinken. Ze zeggen bijvoorbeeld: je moeder is een hoer, of wensen je familie een verschrikkelijke ziekte toe. Op die momenten is het juist zaak om in ieder geval van buiten rustig te blijven, al kook je van binnen van woede.>>

De therapeut vraagt de kinderen wat ze voelen als ze woedend worden; die gevoelens zijn namelijk signalen waardoor de kinderen er tijdig aan kunnen 'denken' om adequaat met hun emoties/gevoelens om te gaan (ze in de hand te houden).

Als voorbeelden kunnen de volgende situaties worden besproken of gespeeld:
- <<Een paar kinderen uit je klas zijn aan het stoeien en een van hen, een kind dat je niet mag, wordt geduwd en stoot met zijn elleboog tegen jou aan. Als het flink pijn doet, heb je zin om hem een duw terug te geven.>>
- <<Jij wilt graag dat een vriendje bij je blijft spelen of logeren. Van je vader mag het niet. Je wordt zo boos op je vader dat je zin hebt om hem uit te schelden.>>

De therapeut vraagt vervolgens aan de hand van bovenstaande voorbeelden:
<<Wat zou jij doen? Wat zou je kunnen doen om te verhinderen dat je gaat terugslaan of schelden?>>

Er worden alternatieve oplossingen bedacht en er wordt aan vorige zittingen gerefereerd.

De stappen van het model van Dodge worden doorlopen om alternatieve oplossingen voor bovenstaande problemen te bedenken:
1 Decoderen: <<Een alternatieve oplossing voor impulsief reageren is eerst goed bekijken wat er precies aan de hand is.>>
2 Interpreteren: <<Het gedrag van anderen kan ook anders dan agressief bedoeld zijn: hij stootte jou bijvoorbeeld niet expres aan, of je kunt bedenken dat het niet zijn schuld is dat hij jou raakte en dat het van jou niet aardig is om hem te slaan.>>
3 Responskeuze <<Hoe zou je anders kunnen reageren, zonder dat je jezelf niet meer in de hand hebt? Bijvoorbeeld de stoot negeren en je niet met het gevecht bemoeien, of tegen je vader zeggen: 'Jammer, wanneer mag hij dan wel komen?'>>

10.5 Evaluatie (5 minuten)

De zitting wordt samengevat.
De therapeut herinnert de kinderen eraan dat de volgende zitting de laatste is.

De zitting zal tien minuten langer duren en zal om … uur afgelopen zijn. De kinderen mogen elk een spelletje van huis meenemen of een spel bedenken. Deze spelletjes gaan ze dan spelen; voor elk spel wordt tien minuten uitgetrokken.
Er wordt geen tussentijdse oefening meegegeven.

10.6 Benodigdheden

Eventueel een kookwekker.

10.7 Samenvatting

Wat hebben we gedaan?
- Iedereen heeft verteld hoe het de afgelopen week ging met het je aansluiten bij een groepje. Maar ook met complimentjes geven en krijgen. En natuurlijk met het samen spelen met andere kinderen.
- We hebben geleerd en geoefend hoe je op de juiste manier voor jezelf kunt opkomen.
- Iedereen heeft voorbeelden gegeven van wanneer hij zijn zelfcontrole verliest en boos wordt. Iedereen heeft verteld wanneer het echt nodig is om jezelf onder controle te houden.
- Wat we de vorige keren hebben geleerd, hebben we gebruikt om die moeilijke momenten op te lossen. Met als doel om ze tot een goed einde te brengen.

Wat kan ik ermee doen?
- Ik kan me nu op een voor mij en anderen goede manier aansluiten bij een groepje.
- Als ik echt last heb van iemand, zeg ik dat en laat ik aan mijn houding en mijn stem merken dat ik het serieus meen. Ik zeg wat ik ervan vind. En ik zeg wat ik graag zou hebben dat de ander doet. Ik zeg precies waar het om gaat. En ik maak er geen lang verhaal van.
- Ik blijf wat ik geleerd heb oefenen, bijvoorbeeld hoe ik moeilijke situaties kan oplossen. En hoe ik mijn agressieve gevoelens onder controle kan houden.
- Elke keer zal het beter gaan. Het zal nog even duren voordat het altijd goed gaat. Op een gegeven moment gaat het vanzelf goed, net als met leren fietsen of zwemmen.
- Ik probeer het steeds weer. En onthoud voor een volgende keer wat ik wel en niet moet doen.

Zitting 11: Quiz, feedback en diploma (80 minuten)

11.1 Eindevaluatie
11.2 Totaaloefening met alle onderdelen van het programma
11.3 Spellen en speciale quiz
11.4 Uitreiking van het diploma en afscheid nemen
11.5 Benodigdheden

Het weekverslag wordt ingevuld.

11.1 Eindevaluatie (20 minuten)

De therapeut vertelt elk kind wat er goed is gegaan, wat het heeft geleerd en wat nog beter zou kunnen. Voor voorbeelden zie bijlage 12.
    De kinderen wordt om de beurt gevraagd wat zij van de behandeling vonden.

11.2 Totaaloefening met alle onderdelen van het programma (20 minuten)

Naar aanleiding van het personenkwartet wordt van elk kind vastgesteld van welke sportclub of vereniging hij de baas is. Een voordeel hiervan is dat de kinderen ook zelf aanvullingen kunnen geven, gemotiveerd zijn en zich gemakkelijk kunnen inleven.
    De kinderen krijgen allemaal een kaartje (zie de afgebeelde voorbeelden) met daarop de omschrijving van de club, een paar aanwijzingen en een indicatie voor een geldbedrag. Bij sommige clubs is dit hoger dan bij andere. Alles bij elkaar moet het meer zijn dan € 100.000,-, zodat er een onderhandelingssituatie ontstaat.

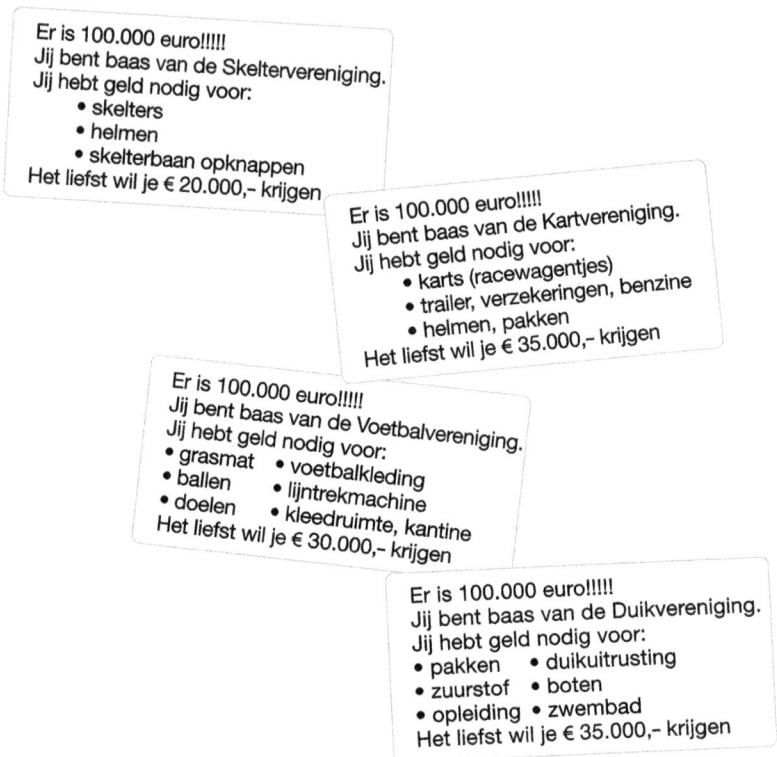

De volgende situatie wordt uitgelegd.

<<Het ministerie van sport en spel heeft € 100.000,- over. Elk kind is de baas van zijn eigen vereniging en wil zo veel mogelijk geld voor zijn eigen club zien te krijgen. Op het kaartje staat waar het geld voor nodig is en hoeveel. Lees het even rustig door en probeer je in te leven in je rol. Je moet met de andere kinderen onderhandelen over de verdeling van het geld. Hiervoor heb je ongeveer tien minuten. Na deze tien minuten moeten jullie met een plan bij de minister komen waarover iedereen tevreden is en waarmee de € 100.000,- verdeeld kan worden.>>

De kinderen krijgen een moment om zich op hun positie voor te bereiden, waarbij de therapeut nog kan helpen met uitleggen. Hierna wordt het startsein voor het spel gegeven, waarbij de kinderen met zijn vieren om de tafel gaan zitten en verder zelf de situatie moeten structureren. Ze mogen gebruik maken van pen en papier.

De therapeut houdt zich op de achtergrond. De filmcamera neemt het spel op. De therapeut let op houding, stemvolume, luisteren, aansluiten bij wat een ander zegt of doet en de specifieke tekorten van de kinderen bij het verwerken van de sociale informatie. Hij let bijvoorbeeld op de manier waarop een oplaaiend probleem wordt opgelost. Wanneer dit uit de hand loop, kan de therapeut sturend optreden. Na tien minuten speelt de therapeut voor minister en moeten de kinderen gezamenlijk (of via hun vertegenwoordiger, als ze er een hebben uitgekozen) hun plan presenteren en beargumenteren.

Aan de hand van de observaties van de therapeut wordt de dvd teruggekeken (dvd-feedback). De therapeut zet de dvd van tijd tot tijd stil en geeft commentaar. Hij moedigt de kinderen aan om elkaars en hun eigen gedrag kritisch te bekijken door het geven van tips en opmerkingen. Bij negatieve feedback wordt geholpen met het geven van een goede oplossing, tip of alternatieve aanpak.

Een variant op bovenstaande oefening kan het volgende zijn.

De kinderen worden verdeeld in twee groepen. De twee groepen vertegenwoordigen een sportclub. De sportclub krijgt € 100.000,-. Er vindt in elk groepje overleg plaats over de besteding van het geld. Daarna is er overleg tussen de groepjes. Elke groep stuurt een afgevaardigde om te vertellen waaraan het geld moet worden besteed. De afgevaardigden proberen elkaar te overtuigen. Dan stuurt elke groep een andere afgevaardigde. Zij moeten samen ten slotte tot een oplossing proberen te komen.

11.3 Spellen en speciale quiz (30 minuten)

Elk kind heeft een spel bedacht of meegenomen om mee te gaan spelen.
Eventueel kan het 'krantenmeppen' uit zitting 1 nog een keer worden gedaan.
De quiz wordt gespeeld.
De kinderen krijgen pen en papier om de vragen te beantwoorden.
De antwoorden worden met de groep besproken. De kinderen geven het antwoord om beurten. Zij krijgen hiervoor punten.
Het kind met de meeste punten (in totaal) is de winnaar.

Quizvragen
1 Je hebt een tekenfilmpje gezien op dvd. De hoofdpersoon was een dier. Wat voor een dier was dat?
2 Om iemand goed te begrijpen moet je op een paar dingen letten. Waar moet je goed op letten?
3 Je kunt zien hoe andere mensen zich voelen door goed naar ze te kijken. Waaraan kun je zien hoe een ander zich voelt?
4 Wat kun je tegen iemand zeggen als je hem een complimentje geeft?
5 Noem vier gevoelens.
6 Soms moet je met iemand iets samen doen. Je wilt echter allebei wat anders. Hoe los je dit op zonder dat er ruzie komt?
7 Als je boos wordt, merk je dat aan een aantal dingen die je doet. Wat voel je?
8 Je moet in de klas een werkje maken maar je buurman zit vreselijk te klieren. Hoe los je dit op? Je mag niet met hem praten of iets anders met hem doen. Je

moet iets bij jezelf doen. Wat doe je? Wat kun je doen om er geen last meer van te hebben?

9 Er staat een groepje kinderen op het schoolplein en die gaan voetballen of een ander leuk spel spelen. Jij wilt graag meedoen. Wat moet je doen als je wilt meespelen?

10 De kinderen vinden het niet goed dat je ook meedoet met het spel. Wat heb je geleerd dat het beste is om nu te doen?

Antwoorden en punten

1 Een pinguïn of een zeehond: 1 punt.
2 Goed luisteren, kijken naar de ander, opletten welke gevoelens die uitdrukt: 1 punt per goed antwoord, maximaal 3 punten.
3 Hoe hij staat, of hoe hij je aankijkt (oogcontact), hoe hij beweegt, hoe hard of zacht hij praat: 1 punt per goed antwoord, maximaal 4 punten.
4 Iemand ziet er leuk uit, heeft iets leuks aan, doet iets goed, is ergens goed in, is aardig, is lief: 1 punt per goed antwoord, maximaal 3 punten.
5 Boos, bang, blij, verdrietig: 1 punt per goed antwoord, maximaal 4 punten.
6 Vragen wat de ander wil, zeggen wat jij wilt, kijken of er iets is wat jullie allebei willen doen (onderhandelen en compromis sluiten): 1 punt.
7 Doen: mopperen, mokken, zeuren, stampen, met de deuren slaan, ruzie zoeken, uitlokken. Voelen: irritatie, niemand doet iets goed, iedereen is stom, krijgt een warm gevoel, wordt gespannen, haren gaan overeind staan, een gevoel iets te moeten doen en niet onder woorden kunnen brengen: 1 punt per goed antwoord, maximaal 5 punten.
8 Zorgen dat je je er niets van aantrekt. Dit kun je doen door hardop in jezelf te denken, tegen jezelf te praten, niet te reageren, je goed te concentreren op datgene waarmee je bezig bent (uit de weg gaan): 1 punt per goed antwoord, maximaal 4 punten
9 Erbij gaan staan en tegen iemand praten, meepraten, praten als het stil is, oogcontact maken, luid en duidelijk praten, duidelijk vragen: 1 punt per goed antwoord, maximaal 5 punten.
10 Duidelijk vragen waaróm je niet mag meespelen, zeggen dat je het niet aardig vindt, zeggen dat je graag de volgende keer wel wilt meedoen. Flink weglopen en iets anders gaan doen (aanpakken en vragen). Niet: boos worden, vluchten, zielig zijn, vechten of ruzie maken: 1 punt per goed antwoord, 2 punten voor aanpakken, maximaal 5 punten.

Het maximale aantal te behalen punten is 34. De kinderen kunnen voor eigen creatieve en goede antwoorden beloond worden met bonuspunten.

11.4 Uitreiking van het diploma en afscheid nemen (10 minuten)

Elk kind krijgt een diploma aan het eind van de cursus (zie bijlage 10). Complimenten worden gegeven en er wordt afscheid genomen.

11.5 Benodigdheden

– Camera en tv-toestel.
– Een opgerolde krant.
– Pen en papier.
– Voor elk kind een diploma.

Na afloop
In zitting 11 heeft de eindevaluatie plaatsgevonden. De kinderen hebben verteld wat ze van de behandeling vonden en wat ze hebben geleerd. De therapeuten hebben op hun beurt verteld wat zij vonden van de kinderen: of er verandering was opgetreden en zo ja, wat er veranderd was, en waaraan de kinderen nog zouden moeten werken of waarop ze moeten letten in de toekomst. De kinderen worden apart uitgenodigd voor de nameting. Ze doen dezelfde tests als tijdens de voormeting, namelijk een impulsiviteitstest (MFFT), een sociaal-cognitieve vaardighedentest (SCVT) en een test om sociaal en storend gedrag te meten (MESSY). De ouders en de leerkrachten vullen verschillende vragenlijsten in. De resultaten worden samen met de verwerkte weekverslagen aan de ouders en leerkrachten gepresenteerd. De cijfermatige ondersteuning van het effect van de behandeling geeft een meerwaarde aan de subjectieve beoordeling van kind, ouders en leerkracht. Aan ouders en leerkracht kan duidelijker worden aangegeven waarin de kinderen zijn veranderd en waaraan eventueel in de toekomst nog aandacht moet worden besteed.

Het is van belang dat de therapeuten aangeven dat nieuw gedrag tijd nodig heeft voordat het als vanzelf gaat en vertrouwd aanvoelt. En dat bij stress en vermoeidheid de kinderen af en toe kunnen terugvallen in oud gedrag. Geef ook aan dat bij stagnatie een kortdurende individuele therapie van vijf zittingen aangeboden kan worden, die gericht is op de specifieke tekorten en vervormingen in de verwerking van sociale informatie door het kind. De therapeut kan dan refereren aan de oefeningen van de groepsbehandeling en die oefeningen herhalen en expliciteren die voor het kind relevant zijn.

Bijlagen

Bijlage 1: Voorbeelden van een weekverslag (zitting 1.1)

WEEKVERSLAG VAN: _____

nooit = 1
zelden = 2
soms   = 3
vaak   = 4
altijd = 5

Hoe is het de afgelopen week gegaan?

1 Boos weglopen	1	2	3	4	5
2 Anderen de schuld geven van eigen fouten	1	2	3	4	5
3 zich snel aangesproken voelen	1	2	3	4	5
4 Vechten met anderen	1	2	3	4	5
5 Terugpraten tegen volwassenen	1	2	3	4	5

WEEKVERSLAG VAN: _____

nooit = 1
zelden = 2
soms   = 3
vaak   = 4
altijd = 5

Hoe is het de afgelopen week gegaan?

1 Anderen pesten	1	2	3	4	5
2 Zich weinig van regels aantrekken	1	2	3	4	5
3 Om het minste of geringste boos worden	1	2	3	4	5
4 Anderen slaan	1	2	3	4	5
5 Bezigheden van anderen verstoren	1	2	3	4	5

Bijlage 2: Voorbeeld van een kwartetkaart (zitting 2.3)

Naam: _____

1 voetballen
2 dropjes
3 vliegtuigen
4 bril

Bijlage 3: Geluidenkaartjes (zitting 2.4)

lucifer afsteken

papier scheuren

rits openen en sluiten

water in een kopje gieten

plakband afrollen

tanden klapperen

boek dichtklappen

potlood slijpen

bal laten stuiteren

met lepeltje tegen kopje tikken

neus snuiten

papier verfrommelen

geld op schoteltje laten vallen

Bijlage 4: Een tekening maken aan de hand van een verhaaltje (zitting 2.6)

Verhaaltje 1:
Irene is haar schoen kwijt.
Met Marjan zoekt ze overal.
Ze kijken onder het bed en op andere plekken.
Daar ligt de hond met de schoen te spelen.

Verhaaltje 2:
Hans leert Loes fietsen.
Ze valt op de straat.
Loes probeert het nog eens.
Nu kunnen ze samen gaan fietsen.

Verhaaltje 3:
Het regent buiten.
Jeroen gaat naar Rita toe.
Ze trekken laarzen en een regenjack aan.
Dan gaan ze in de plassen springen.

Verhaaltje 4:
Ineke en Els gaan tennissen.
De bal vliegt door de ruit van de buren.
Ze rennen hard weg.
De buurman is erg boos.

Verhaaltje 5:
Hannie heeft een rubberboot in de sloot.
Ze gaat samen met Els varen.
De boot slaat om.
Ze worden vies van de modder.

Verhaaltje 6:
Marijke zit een kookboek te lezen.
Ze belt Henk op.
Samen gaan ze bakken en koken.
Het wordt een chocoladetaart met kaarsjes.

Bijlage 5: Doorgeeftekeningen (zitting 3.3)

De volgende tekening laat de therapeut kort (30 seconden) zien aan het eerste kind dat aan de beurt is.

Doorgeeftekening I

Doorgeeftekening II

Doorgeeftekening III

Doorgeeftekening IV

Bijlage 6: Gevoelens uitbeelden (zitting 4.4)

1 Het is aan het einde van het schooljaar en de juf/meester vertelt dat iedereen overgaat.
2 Ik kijk naar een voetbalwedstrijd op de televisie en zie dat mijn favoriete club verliest.
3 Ik zit op school en moet straks mijn spreekbeurt houden voor de klas.
4 Ik laat per ongeluk mijn spelletjescomputer in het aquarium vallen.
5 Op een feestje vertelt iemand een heel goede mop en iedereen moet lachen.
6 Ik ben jarig en krijg een fantastisch mooie mountainbike.
7 Ik zit slaperig bij mijn oma op bezoek.
8 Ik drink thee en merk dat er zout in zit in plaats van suiker.
9 Ik sta onder de douche en plotseling is het water koud.
10 Ik sta voor het raam en zie dat twee auto's tegen elkaar botsen.
11 Ik loop met blote voeten over het strand en stap in een kwal.
12 Als ik op de kermis een kaartje wil kopen voor het reuzenrad, ontdek ik dat al mijn geld op is.
13 De telefoon gaat en een man vertelt mij dat ik € 100.000,- heb gewonnen.

Bijlage 7: Toneelstukjes in tweetallen (zitting 5.4)

1 Je wandelt met een vriendje in het park
Ineens rent een hond op je vriendje af. Die rent weg met de hond achter hem aan en hij klimt in een boom. Hoe loopt het af?
Vragen die gesteld kunnen worden:
– Hoe voelt je vriendje zich als de hond achter hem aan rent?
– Hoe voel jij je?
– Hoe wordt het probleem opgelost?

2 Jij en je vriendje zijn aan het voetballen in het park
Je vriendje kan de bal net niet op tijd stoppen en de bal stuitert een eind weg. Een oudere jongen, die staat toe te kijken, pakt de bal op, rent ermee weg en verstopt hem in het bloemperk. Jij en je vriendje rennen naar het bloemperk en zoeken tussen de bloemen naar de bal. Dan komt er een politieagent aan…
Hoe loopt het af?
Vragen die gesteld kunnen worden:
– Wat voelen jullie als de jongen de bal verstopt?
– Hoe voel je je als de politieagent eraan komt?
– Wat denkt de politieagent? (Als je bedenkt wat de politieagent zal denken, weet je beter hoe je kunt reageren.)

3 Je moet van je moeder naar de slager en onderweg kom je een vriendje tegen
Hij staat onder een boom en wijst je een kat aan die in de boom is geklommen en er niet meer uit durft. Jij klimt in de boom en haalt met veel moeite de kat uit de boom; je kleren zitten onder de vlekken. Nadat je bij de slager bent geweest, ga je naar huis. Je moeder is erg boos omdat je kleren zo smerig zijn.
Hoe loopt het af?
Vragen die gesteld kunnen worden:
– Hoe voelt je vriendje zich als hij de kat aanwijst die in de boom zit?
– Hoe voel jij je als je de kat uit de boom haalt?
– Wat zal je moeder denken als ze ziet dat je kleren smerig zijn?

Bijlage 8: Puzzelstukjes (om uit te knippen) (zitting 6.5)

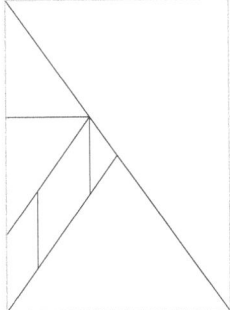

Bijlage 9: Dvd 'relateren' (zitting 7.6)

Pingu en het ijshockeytoernooi

Het team waarmee Pingu en zijn vriendjes gaan ijshockeyen bespreekt een strategie om te kunnen winnen. Wat zie je gebeuren? Waarover zouden ze het hebben?

Pingu vindt dat de scheidsrechter onterecht fluit, de tegenpartij gniffelt. Wat is het verschil tussen wat Pingu en zijn vriendjes nu denken en wat degenen van de tegenpartij denken?

Pingu is nu blij om het doelpunt. Hoe voelt de tegenpartij zich (de doelman)?

Wat is het verschil tussen wat Pingu en zijn vriendjes nu voelen en wat de anderen, van de tegenpartij, voelen?

Pingu is boos, wat zal hij denken? (Denkt: als jullie zó spelen, doen we niet mee.)

De zeehond heeft pijn doordat de tegenspeler met zijn helm tegen zijn buik botst.

Ze gaan iets veel leukers doen: kunstjes. Iedereen doet mee en heeft plezier.

Wat is de overeenkomst tussen wat Pingu en zijn vriendjes nu voelen en wat de anderen, van de tegenpartij, voelen?

Bijlage 10: Voorbeeld van het diploma na afloop van de groep (zitting 11.4)

Diploma
sociale cognitieve vaardigheden

Naam: ....

Datum: ....

**Heeft het sociaal-cognitief
interventieprogramma goed doorlopen**

Therapeut: ....   Therapeut: ....

Bijlage 11: Reserveoefeningen

Concentratiespel
De kinderen zitten in een kring. Er wordt geteld. Iedereen noemt een cijfer: het cijfer dat volgt op het laatstgenoemde. Er wordt begonnen met 1, 2, 3, 4, 5, 6, 7, enzovoort. Het kind dat 7 moet zeggen, zegt niet zeven maar toep. Bij alle getallen met een 7 moet er toep gezegd worden, dus 17, 27, 37 enzovoort. Maar ook bij getallen met de tafel van 7, dus 14, 21, 28, 35 enzovoort moet er toep gezegd worden. Wie zich vergist is af. Er moet snel geteld worden.

Dierennamenspel
Een kind noemt een dierennaam, bijvoorbeeld aap. Het volgende kind verzint een dierennaam die begint met de laatste letter van het woord aap, dus bijvoorbeeld paard. Het kind daarna kiest een dierennaam die begint met de laatste letter dáárvan. Enzovoort. Wie het niet meer weet of een dierennaam kiest die al een keer is genoemd, is af.

Gevoelens
De therapeut maakt een stapel kaartjes met gevoelens erop en laat de kinderen kaartjes kiezen die bij hen passen. Daarna vertellen zij waarom ze die kaartjes hebben gekozen.

Complimenten
De therapeut laat de kinderen op kaartjes complimentjes schrijven die ze aan een ander zouden kunnen geven. Als iedereen daarmee klaar is, laat hij hen deze complimentjes aan de andere kinderen geven.

Lichamelijk contact en zelfcontrole
De kinderen gaan rug aan rug op de grond zitten. Ze proberen samen omhoog te komen zonder hun handen te gebruiken. Als dit lukt, proberen ze het in drietallen en viertallen.

Bijlage 12: Voorbeelden ter illustratie

Casus
Daryll en Bert worden nader getypeerd.

Daryll
Daryll is volgens zijn ouders een aardig joch. Hij kan echter niet met zijn boosheid overweg. Hij kan soms zomaar ineens gaan slaan, vooral als hij dreigt te verliezen. Er knapt dan iets in hem en dan kan hij zich niet meer inhouden.

Zijn ouders zeggen dat ze thuis niet zo veel last van hem hebben, want 'wij zijn duidelijk aanwezig'. Op school en bij het voetballen zijn er geregeld problemen. Hij gaat zo op in het spel, dat hij gaat slaan, schoppen en schelden als het verkeerd gaat. Zijn ouders vinden dat hij zich te veel laat meeslepen door anderen. Ze denken dat hij later wel rustiger zal worden, net als zijn broer.

Op school gaat hij een paar keer per week door het lint. Met zijn leraar ligt hij op zo'n moment in de clinch. Hij gaat overal tegenin. Later kan hij daar dan wel schoorvoetend op terugkomen. Inzicht in zijn aandeel blijft beperkt. Hij geeft anderen de schuld van zijn eigen agressieve gedrag.

Kinderen die hem kennen dagen hem uit. Elke keer gaat hij er weer op in.

Daryll komt in aanmerking voor de groep omdat hij slaat, schopt en vloekt, anderen de schuld geeft van eigen fouten; hij is prikkelbaar, laat volwassenen niet uitpraten of gaat tegen hen in en wordt boos als hij zijn zin niet krijgt.

Bert

Bert wordt op school gepest. Thuis is hij agressief. Hij reageert geprikkeld en boos op zijn ouders en zusje. Hij maakt vuurtjes onder zijn bed. Door zijn houding lokt hij agressieve reacties van anderen uit. Vrienden heeft hij niet. Hij spijbelt een paar keer per maand.

Zijn ouders vinden hem ongelukkig. Als iets hem tegenzit, zegt hij: 'Dat moet mij natuurlijk weer overkomen.' Hij is bang om door andere kinderen te worden afgewezen. De ouders hebben een eigen bedrijf, worden door de straat niet geaccepteerd en zijn een tijd overspannen geweest. Ze hebben weinig tijd voor de kinderen.

Bert speelt graag buiten en houdt van klimmen. Soms speelt hij met jongens uit de buurt. Als er ruzie is, vindt hij het moeilijk om erover te praten. Het liefste wil hij dan weglopen of weer gewoon verder spelen, maar vaak gaat hij anderen slaan. Bert vindt zijn ouders streng. Als je je niet aan de regels houdt, krijg je een pak slaag of moet je zonder eten naar bed. Met zijn allen thuis spelletjes spelen vindt hij het leukst.

Bert kan met de groep meedoen omdat hij vuurtjes stookt, spijbelt, liegt, slaat en snel boos en geprikkeld is.

Voorbeeld 1.3

Daryll: 'Ik zit in de groep omdat ik vaak ruzie heb. Ik ben wel goed in vechten, maar ik maak er weinig vrienden mee. Ja, meelopers, maar die moet ik niet. Ik wil minder ruzie en meer vrienden.'

Jerry: 'Ik doe mee omdat ik vaak snel ben. Ik kan mijn mond niet houden en zeg dan dingen die wel grappig zijn, maar voordat ik het weet, zit er iemand op mijn nek. Ik begrijp niet goed waarom ik ruzie krijg.'

Johan: 'Ik kom omdat ik me niet aan de regels hou. Ik heb mijn eigen regels en dat maakt anderen soms boos. Ze vinden mij een zeur.'

Bert: 'Ik ben hier omdat ik me vaak boos voel. Ik houd het heel lang binnen. Maar als ik het pesten zat ben, ben ik niet meer te houden en gebeuren er ongelukken. Ik wil kunnen spelen met kinderen zonder dat ze me pesten.'

Voorbeeld 1.4
Daryll wordt snel boos. Hij houdt van voetbal en tennist graag. 's Zomers kun je hem altijd in het zwembad vinden.

Jerry heeft twee ratjes, een witte en een bruine. Hij houdt van housemuziek en zegt dat hij iemand is die nooit opgeeft. Hij zit op basketbal.

Johan heeft een konijn. Hij heeft veel Pokémon-plaatjes en vindt gymnastiek stom. Hij kijkt veel naar de televisie.

Bert zit op scouting. Hij heeft een zusje en zit vaak achter de computer. Hij speelt graag in de bouw.

Voorbeeld 2.3

Daryll	Jerry	Johan	Bert
1 strips	1 drop	1 mobiel bellen	1 tennis
2 vechten	2 lachen	2 Playstation	2 computeren
3 televisie	3 handbal	3 timmeren	3 buitenspelen
4 ijs	4 hond	4 voetbal	4 snoep

Voorbeeld 4.3

Daryll	Jerry	Johan	Bert
dapper	grappig	koppig	stil
hard	snel	sportief	sterk
onrustig	boos	handig	eerlijk

Voorbeeld 7.4
Voorbeeld van Jerry van de verschillende stadia van een woedeaanval:

boos worden	beetje boos	boos	erg boos	daarna
boos kijken	duwen	slaan	pissig	op de gang
zielig worden	op spullen	schoppen	niet tegen te	op matten
verdrietig kijken	slaan	vastpakken	houden	slaan
chagrijnig worden	weglopen	dreigen	heel sterk woedend	even blijven zitten
				OVER

Voorbeeld 11.1

Daryll

<<Daryll, in het algemeen ben je goed vooruit gegaan. Je hebt alle keren goed meegedaan. Ik heb bewondering voor je positieve instelling en inzet.

Vroeger zocht je vaak de oplossing in slaan en vechten, als het niet ging zoals jij graag wilde dat het ging en een ander daaraan niet wilde meedoen. Nu kun je het op verschillende andere manieren aanpakken: je praat meer en niet meteen op een agressieve toon, maar met meer overleg over hoe jij het ziet en wat jij ervan vindt. Je hebt zelfs het geduld om te luisteren naar de mening van een ander. Je hebt meer controle over je boosheid gekregen. Dat kan nog iets beter.

Trap niet in de uitdagingen van andere kinderen en onthoud goed: een Ajacied houdt altijd zijn jasje aan.>>

Jerry

<<Jerry, je hebt steeds goed meegedaan. Je bent toch elke keer gekomen, terwijl je het moeilijk vond en heel gespannen was. Daar heb je je dus goed overheen gezet en dat is een hele overwinning. Zo zie je: Jerry geeft nooit op. Het klopte dus wat je al tijdens de kennismaking zei. Je bent mooi op weg om in de smaak te vallen bij de andere jongens. Je bent grappig, maar vooral een aardige jongen die graag dingen samen doet met andere kinderen. Je hebt geleerd je gevoelens beter te verwoorden. En je hebt geleerd met woorden duidelijk te maken wat je van een ander wel en niet verlangt en, wat helemaal belangrijk is, je kunt het nu op een gewone manier zeggen. En je hebt gemerkt dat dat goed werkt. De andere kinderen houden nu rekening met je.

Waar je in het vervolg nog op moet letten is dat je soms beter kunt afwachten, even kijken, de situatie beoordelen en dán pas reageren in plaats van meteen, zonder dat je precies weet wat er aan de hand is.>>

Johan

<<Johan, je laat vaak zien hoe het op een goede manier kan. Je kunt goed opletten en de goede oplossing kiezen in een conflict of een ruzie met een vriend. De oefeningen deed je goed mee en je bent eigenlijk altijd enthousiast. Dat is leuk. Ondanks het feit dat je steeds aan anderen wilt zitten, kun je je nu beter beheersen. Je krijgt ook veel negatieve reacties van kinderen. Doordat je nu je boosheid beter kunt inhouden en beter met de spanning kunt omgaan, heb jíj meer plezier in het spelen met andere kinderen en hebben de andere kinderen meer plezier met jóu.

Anderen weten dat je gevoelig bent en snel boos wordt en zullen je daarom uit de tent proberen te lokken. Houd vast aan je zelfcontrole en doe wat je bij de oefeningen zo goed deed.>>

Bert

<<Bert, je bent erg vooruitgegaan. Knap van je dat je ondanks het kabaal van de anderen af en toe zo rustig kon blijven. Je deed duidelijk je best om dingen te leren. Je durfde het ook te zeggen als je iets niet begreep. Je kunt nu in woorden duidelijk maken wat je wilt en je houding is iets sterker geworden. Dat agressieve gedrag is daarom niet meer nodig. Je kunt goed vertellen hoe je met andere kinderen ruzies hebt opgelost en vriendschappen gesloten. En je hebt gemerkt dat je, als je op een gewone manier iets aan iemand vraagt, ook gewoon antwoord krijgt.

Wat nog beter kan, is meer letten op een ander, wat die denkt, voelt, en wat de reden is waarom die iets doet. Dan weet jij ook beter wat je wel of niet kunt doen.>>

GPSR Compliance
The European Union's (EU) General Product Safety Regulation (GPSR) is a set of rules that requires consumer products to be safe and our obligations to ensure this.

If you have any concerns about our products, you can contact us on

ProductSafety@springernature.com

In case Publisher is established outside the EU, the EU authorized representative is:

Springer Nature Customer Service Center GmbH
Europaplatz 3
69115 Heidelberg, Germany

www.ingramcontent.com/pod-product-compliance
Ingram Content Group UK Ltd.
Pitfield, Milton Keynes, MK11 3LW, UK
UKHW050410240426
12048UKWH00020B/1435